OLDIES BUT GOODIES

Retro Large Print Word Search Puzzles for Seniors and Adults Celebrating Nostalgic Times & Memories from the 50's 60's 70's and 80's

LESTER GILES

This book belongs to:

_____

_____

Table of Contents

WELCOME

Welcome to **Oldies But Goodies: Retro Large Print Word Search** Puzzles for Seniors and Adults Celebrating Nostalgic Times & Memories from the 50's, 60's, 70's, and 80's!

Dive into a delightful journey down memory lane with this charming collection of word search puzzles designed to ignite nostalgia and fun.

Whether you're a senior reminiscing about the good old days or an adult eager to explore the iconic eras of the past, this book promises hours of entertainment and mental stimulation.

With large print for ease of reading and a plethora of words evoking the essence of the 50's, 60's, 70's, and 80's, each puzzle invites you to rediscover the music, movies, trends, and cultural touchstones that defined these beloved decades.

Get ready to unlock cherished memories, share laughs, and relish the joy of solving puzzles tailor-made for lovers of retro charm.

Happy word hunting!

HOW TO PLAY

FIND EACH WORD ON THE LIST AND CIRCLE THE WORDS ON THE PUZZLES. WORDS CAN BE DIAGONAL, BACKWARD, VERTICAL, AND FORWARD (DOWNWARD OR UPWARD).

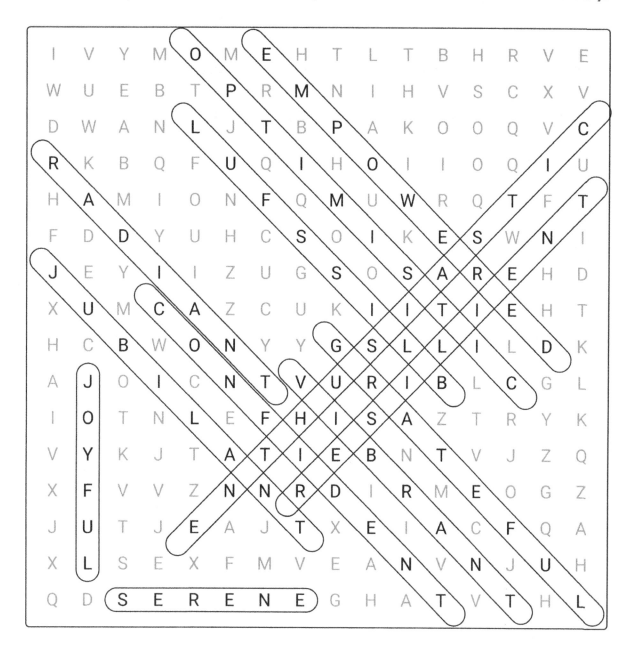

OPTIMISTIC	VIBRANT	JOYFUL
GRATEFUL	EMPOWERED	SERENE
ENTHUSIASTIC	BLISSFUL	CONFIDENT
JUBILANT	RADIANT	RESILIENT

1950's Historical Events

1. Korean War (1950-1953): Cold War proxy conflict between North and South Korea, involving global powers.

2. Cold War Escalation: Heightened tensions between the USA and USSR, marked by nuclear arms race and ideological rivalry.

3. Civil Rights Movement: Gained momentum in the US, challenging racial segregation through key events like Brown v. Board of Education (1954) and Montgomery Bus Boycott (1955-1956).

4. Space Race: Competitive pursuit of space exploration between USA and USSR, highlighted by Sputnik 1 launch (1957).

5. Rock 'n' Roll Emergence: Popularization of rock 'n' roll music by artists like Elvis Presley, Chuck Berry, and Little Richard.

6. McCarthyism and Red Scare: Fear of communism led to Senator McCarthy's investigations, fostering paranoia and persecution in the US.

7. Decolonization: Independence movements in Africa and Asia led to the emergence of new nation-states.

8. Baby Boom: Post-WWII spike in birth rates, shaping demographics and consumer trends.

9. Economic Boom: Period of prosperity in the West, fueled by industrialization and increased consumer spending.

10.Television Dominance: Television became a dominant medium, shaping popular culture and entertainment consumption habits.

1. Rock 'n' Roll Icons

```
H E B S Y X S P Y P F L C O C H R A N J
D V T N D U G L E L T T I L H L E L Y K
K E V I V T L L Q B Z Y R R E B Z A N W
I R R K P O H K O M O R R I S O N V F S
H L H R H L X I H J F A G A F O I B W G
C Y E E G Y O N F M I P D R A H C I R W
V D Q P A W I G F F C N O S I B R O D K
Y L C L B T Z U Z N G V J D F P G E C
H U C H C H A N T I L L Y O L N B J F D
W S I D Z T V P E S T E M M N L N O Q J
O I A H V N T R N Y B A L I T I I Q Z O
J R O C W X Q E K H C N E N N B P K T Q
Q H N H R C L S Z T C K W O E P D K B Y
K N N A T A P L D W X Q I Q C A Y H G T
U Y I L V E K E J B U Z S X N P P P D G
U G I E I R Z Y N V V Q U S I Q X R D R
N I Q Y R U F Q O I T O V A V N G U K W
```

PRESLEY	CASH	RICHARD
BERRY	KING	VINCENT
HALEY	CHANTILLY	LITTLE
DOMINO	HOLLY	EVERLY
ORBISON	LEWIS	VALENS
COCHRAN	PERKINS	MORRISON

 FUN FACT Chuck Berry is often called the Father of Rock 'n' Roll.

2. Classic TV Shows

```
M O W A Z P V R A W H I D E N Z J L N V
O J J E K O M S N U G U U Y Z W O U B F
H N I T N I T N I R G H G U C Q J J R O
C E C U Y X B Z X C J I J A K V K W W Q
D L Y T V U R I N T L X D R A G N E T S
S C A D D Z G E S L Z A C V O X Y W I X
U G X S Y S T M I S O P I J H C P J L I
P C O E S A F G K C I R E V A M G A O D
E R Z S X I A W A G O N T R A I N W V O
R I Z K W N E W M I C K E Y M O U S E Y
M U I B Q V N O S A M Y R R E P F Z L P
A L E E D S U L L I V A N P J X K U X
N K T M A Z N A N O B M S Y Q R F T C G
Z W H O N E Y M O O N E R S Q E G F Y M
M I I N K C O C H C T I H D E R F L A T
N X F E N O Z T H G I L I W T K U R R F
W H Z L U V X E X H C V W O F C Z H I D
```

OZZIE	ED SULLIVAN	SUPERMAN
DRAGNET	HONEYMOONERS	I LOVE LUCY
BONANZA	TWILIGHT ZONE	PERRY MASON
MAVERICK	LASSIE	WAGON TRAIN
GILLIGAN	RAWHIDE	MICKEY MOUSE
RIN TIN TIN	GUNSMOKE	ALFRED HITCHCOCK

 FUN FACT I Love Lucy was the first TV show to be filmed in front of a live studio audience with multiple cameras.

3. Sock Hop

```
M P V Y S K J I Q K T S I W T S N S R X
I S G L S M T J C N C J M K P U M F P O
D Z P V Y L K Q R V Q W G O W S I C O B
V C O R S W C X B E E L P Z R C L M O E
H V O I X Y O T W E C P O E X S K X H K
C L D U V G R E N A S O C Z R U S N A U
R S L B R J S W W Z J N R Z I Z H H L L
V A E Y F C O O U A A Z V D Q J A P U I
U P S M O H D W S D Q D L B S D K C H Y
E B K V Y I A T W L M W Y J N B E N L X
T O I W C F S B I S O C K H O P S A C H
M U R D R F V W N S A D D L E S H O E S
U W T V H O K T G E A B E X T K K B E K
B K S T J N N I E V I R D X E B K X L D
Z O J I T T E R B U G L Y I U B C P V Q
G G B D P N U X S K C O S Y B B O B I U
I Q R F C T S Y L G R E A S E R S Y S P
```

ROCK	HULA HOOP	DANCERS
SWING	MILKSHAKES	CHIFFON
TWIST	SADDLE SHOES	SOCK HOP
RECORDS	SODA	JITTERBUG
DRIVEIN	ELVIS	BOBBY SOCKS
GREASERS	JUKEBOX	POODLE SKIRTS

 FUN FACT Sock hops were so named because teens danced in their socks to protect the varnished floors of their school gyms.

4. DriveIn Movies

```
L K I S A J B H U Y R S L I O L B K J I
S T E K N A L B Z L T T R M U M J A P N
D B P X P S N X E H B P Y D I N V E Z T
N S T E K C I T G D E H M R Y R N T X E
S C R E E N S I S N O I S S E C N O C R
E N F Q I M N H E A D L I G H T S E T M
I T T W Q B O X J C U A H D A T E S K I
D R A C Q N W W K V N P Y Z F L I C K S
Y F T G L Z Q S R E K A E P S V Y P P S
R E U C L A O R T E R M M K D W C P O I
K C A X X I S J C P G S X O S T M B P O
I R D K T X A S K H K P G N R V K Q C N
S F I F F K Z T I C U V L M B B O C O D
S S D F D Q W R A C B Q F M U Z D P R C
M T X G B S H N T S S F Y L I M A F N X
Q I R J H E S X O K P H A J R D O F N Z
V I X Z P U F W Q A W M K K Z A S Y W E
```

CARS	FLICKS	INTERMISSION
SPEAKERS	CLASSICS	SNACKS
CONCESSIONS	FAMILY	NIGHTS
TICKETS	POPCORN	DATES
SCREENS	ROMANCE	TAILGATE
RETRO	BLANKETS	HEADLIGHTS

 FUN FACT The first drive-in movie theater was opened by Richard Hollingshead in New Jersey in 1933.

5. Doo Wop Hits

```
M E S M S S C R H Y T H M I C F Z M S U
A K L S S T R E E T L I G H T S E J B B
N I O W D L S G S D R O C E R A N A Y C
S Z M H A J S P I K D M W O A Z O W A G
T H S C W F V N C S J G X I O T H L I R
B H O X U S H T A B O W K Y Y O P R G U
N V W S E O H C E P G P M M S T O I L B
X X S R E N O O R C P X R E D A X L A G
T E C N E D A C R R U I I A U G A D T F
E Z A G L V M G W N S D N S N M S K S M
H H Z Y Y T F A X R O V E G S O P P O R
H G T W R N J R E L C M L M M P S Q N A
J L O B I U L C E J S W P O B O O H S B
B D H I C V N M H R H A R M O N Y G V Y
Q T V Y S A A U F U N L H Q J X M S E O
U F Y O D X S D A L L A B V M G J U R E
V F U R J Q S P U O R G P Q A A G O E K
```

HARMONY	RHYTHMIC	MELODIES
CROONERS	SHOOBOP	DANCERS
BALLADS	ECHOES	SOPRANOS
GROUPS	VOCAL	LYRICS
SNAPPING	STREETLIGHTS	SAXOPHONE
RECORDS	NOSTALGIA	CADENCE

 FUN FACT The first record to use the syllables "doo-wop" was the 1955 hit "When You Dance" by the Turbans.

6. Cold War Era

```
V W H S E K U N J T E T H I R Z D D I C
Z R K S S I D M R Q S H P N E B F F S B
K V H E Q D R C S T W D I S P N P D Y A
Z W I U C Q O O B I Z T P Q C W E D Z D
T P T S O F C O N C Y I Q O P P I W R N
S Z N S L W X O P C O H V V C D D D Q A
O F E R D O Q Q C N U E T Q E K M Z C G
Z Q M A W S U N A W R R Z R O Q C E S A
R R N D A N K G I E E V T U A B A R W P
D Q I A R O E X O Z R L A A N C E Y D O
L F A R Z I T Y N X A P A O I T C G E R
N P T M Z S M A A X C Z M R L N M M I P
A P N S L N Z G R W S A C E V C W L P M
T Q O R Y E R X A F D N H O V G V W G D
O E C A W T C M P N E S B M O B H W M U
W U A C N B X N F L R J S A N V C F B G
E X N E J Q C A T V F F A L L O U T T Q
```

RED SCARE	ARMS RACE	FALLOUT
SHELTERS	USSR	TENSIONS
PROPAGANDA	COLD WAR	PARANOIA
ESPIONAGE	SPIES	NATO
NUKES	MCCARTHYISM	HBOMB
COVER	IRON CURTAIN	CONTAINMENT

 FUN FACT The Cold War, the U.S. and Soviet Union competed for technological supremacy, leading to innovations in space and military technology.

7. Beat Generation

```
Y D V B W U A V W D X H Q M Z U W Y E B
S A X O F T Y M S I L A U D I V I D N I
K O S H K O L T O A S T S A C T U O D Z
U R G E X I B L I N A E Z P B R D O S F
X K R M C O F F E E H O U S E S F M J Y
K E K I D K M K F I N C T I H W G B T M
U N R A B O X P R R T A O V O W F I Q Q
M T H N O I L L E B E R T W W M M D Q H
K E R O U A C C E O U R M N L R H I H I
Y Q T C W A E G D B E A T S O A L L E N
Y R M U M R I O O Z Z A J F O P P E R L
H O T O J N P M M I E F N P N U S F C K
K H N E S F L O U U L O P J K R Q Z S O
Y P Z B O B A T S S C B O N G O S Z B L
Y R E L R P E G S N I C G H B J T D R V
Z R E Y X R E N O A O C E G B J Q P N E
G A P D A Y F N E Z O S L M O W V J E U
```

KEROUAC	ALLEN	SPONTANEITY
JAZZ	MUSIC	NONCONFORMITY
REBELLION	OUTCASTS	BONGOS
ROAD	GINSBERG	HOWL
BOHEMIAN	POETRY	INDIVIDUALISM
COFFEEHOUSES	FREEDOM	BEATS

 FUN FACT Jack Kerouac, a pioneer of the Beat Generation, typed his famous novel On the Road on a single, 120-foot roll of paper.

8. Suburban Living

```
B A O T J C M L H N Q X B G M K W V W H
E A N V F A O L A W N M O W E R S I Q O
X Z G H I O C Y N O I S I V I D B U S I
E A S L P H W L X J N E B N S G S E N T
O I B R C O G S P M P V S F T V F C E V
E O A R H G I V C L X I E I A S T W C K
X C O B A C K Y A R D R U D T U U H N Y
L P O J V M L Y H Y Q D C L I B P I E B
D L Y M T W G G T S V Y E X O L P T F R
I C E G M R U F L P H A B E N O E E T J
L J D W O U E C N E F D R W W O R P E C
A X W U P R T U A W H N A P A H W I K Y
W D N C U L D E S A C U B P G C A C C P
F D H C H Q F R C N A S E W O S R K I T
S S E I T R A P K C O L B Z N P E E P P
Z J R S X B B R H E K N Q M S D P T U G
B A O G W J V J O M Y G W S Z Y N M X R
```

PORCH	PLAYGROUNDS	BARBECUES
CARPOOL	SUNDAY DRIVE	SCHOOL BUS
COMMUTE	STATION WAGON	SUBDIVISION
BACKYARD	FENCE	PICKET FENCE
TUPPERWARE	MAILBOX	WHITE PICKET
LAWN MOWERS	CULDESAC	BLOCK PARTIES

 FUN FACT Post-WWII, the growth of suburbs was facilitated by the availability of affordable housing and the expansion of road networks.

9. Poodle Skirts

```
X T S E O H S E L D D A S P U R S E S A
X B G F C B F Z W C K A A Q S B P R Z F
Z O N K T J S H J G H Z E C C C T B S Y
S B O F X O O S Q R R L W X O B E K U J
I B C F C K S T M N M V U S Y L S X Y H
X Y Y K X R J R Y L Z C Y R C E D R P Q
X S H J Y W Z R K I G O F C X T R W O G
E O G S W I N G D A N C I N G T I S N R
P C U R I U T O F Z L G Y S Q E V E Y O
S K V K E S L I C K E D H A I R E S T E
W S E U P A T A Y P N P R C D M I S A P
E E B P S X S G X T X X I D Z A N A I L
A L T T S S R E S V Y T B R L N Q L L V
T D S H D X C I R C L E S K I R T G C V
E O W E I Z S H Y S Q L L O R N K C O R
R O G H M L U R E C O R D P L A Y E R S
S P P F W U X Z K G R E A S E M O V I E
```

POODLE	CIRCLE SKIRT	SWEATERS
JUKEBOX	SLICKED HAIR	ROCKNROLL
DRIVEIN	SWING DANCING	BOBBY SOCKS
SOCK HOP	PURSES	SADDLE SHOES
GREASERS	GLASSES	GREASE MOVIE
LETTERMAN	PONYTAIL	RECORD PLAYERS

 FUN FACT "The Poodle skirt became a fashion icon of the 1950s due to its unique and bold appliqué of a poodle."

10. Space Race

```
Y L Y C O L D W A R R L M V E N X I V S
N E I J D E K A Z S O U V T I B R O D P
A U M O K B O T C P C S F U S O K V J U
S F Y G N W A F O U K S H T T Y J V O P
T T B A T Q R F I T E R M W G B U Q A T
R E V G C A Z Y Y N T N C O U J M N P C
O K L A U N C H S I S O L U X B E N O V
N C R R R T E A M K S O D B B W O E L S
A O N I W X T W S M N G G K A I M H L P
U R O N T E U L O H H U G C T S P G O A
T O W M L I H N C H B J C A W P A I Y C
S Z Y L B T A E A X L P R P U V O N N E
P X I C X U T G L K G O O S V N A W F C
P T W N T P J R B N L H U U S R G W U R
E Z L S S I U R K P Z M W L L E B K E A
L B X U I P C E X M W L B E P H E P E F
O M O J V R B E O F X A T S Y N Z D D T
```

SPUTNIK

COSMONAUTS

SATELLITE

USSR

MOON

EXPLORATION

ROCKET FUEL

APOLLO

TECHNOLOGY

ROCKETS

ASTRONAUTS

COLD WAR

NASA

ORBIT

CAPSULES

GAGARIN

SPACECRAFT

LAUNCH

FUN FACT The Soviet Union's launch of Sputnik in 1957 marked the beginning of the space race, prompting the U.S. to increase its space research efforts.

11. Jukebox Favorites

```
E Y G O D D N U O H G G Z R V W Q Y D U
K L K M J X H J A I L H O U S E R O C K
Q L W J H E A R T B R E A K H O T E L P
G O E N V V F K B G R E A T B A L L S R
L H D N B R L I J R O C K A R O U N D D
Y Y E G I J O H N N Y B G O O D E U O E
J D U R L Y D F A T S D O M I N O E Y K
Q D S E L V I S N O D W L J M D F Y T C
V U E T H E T U T T I F R U T T I N M E
K B U S A E V Y M P C Z B D L Q O N C H
N S L I L U R C I W F X V X V O Z D F C
I C B W E S L E L Q C Y V A M R O V Q Y
M L S T Y Y F C H U C K B E R R Y Y H B
Z K O V K G Y Y U O X D U M M X R Z R B
G F W A O G W R L T A L O F K F P A W U
F X N Q T E N R H K B A B M A B A L Y H
W E C Y Z P M U M A C H L N X J R X K C
```

ELVIS	CHUCK BERRY	FATSDOMINO
LA BAMBA	JAILHOUSEROCK	ROCK AROUND
PEGGY SUE	JOHNNY B. GOODE	GREAT BALLS
BLUE SUEDE	TWIST	TUTTI FRUTTI
BILL HALEY	HOUND DOG	CHUBBY CHECKER
BUDDY HOLLY	BLUE MOON	HEARTBREAK HOTEL

FUN FACT The 1950s jukeboxes often featured hits from artists like Elvis Presley, Buddy Holly, and Little Richard, playing a crucial role in the spread of rock 'n' roll.

12. Atomic Age

```
R  J  Q  Q  A  V  M  M  D  I  F  I  I  S  N  R  G  R  P  R
Y  L  I  M  A  F  R  A  E  L  C  U  N  R  A  E  F  E  K  W
V  M  B  F  N  N  T  M  T  Z  C  E  R  Z  B  E  R  M  P  E
G  S  P  A  S  K  E  C  E  F  A  D  A  E  N  E  R  G  Y  J
K  T  J  L  H  S  S  S  R  Z  F  K  D  U  M  D  U  O  E  P
N  S  I  L  E  A  T  N  R  F  B  R  I  I  R  H  N  W  E  Q
N  E  I  O  L  C  S  T  E  H  R  U  A  J  R  A  D  D  U  G
D  T  Y  U  T  P  I  O  N  B  X  Y  T  D  L  P  N  T  H  J
P  Z  Z  T  E  U  T  C  C  W  N  C  I  N  I  C  L  I  X  I
A  T  V  C  R  U  E  U  E  X  K  E  O  G  H  A  C  C  U  T
T  S  M  Z  S  G  S  F  X  P  U  J  N  L  S  R  T  U  O  M
O  B  M  O  B  C  I  M  O  T  A  P  S  G  D  Q  G  I  E  R
M  D  U  O  L  C  M  O  O  R  H  S  U  M  B  W  G  V  O  F
I  K  C  O  L  C  C  I  M  O  T  A  I  U  D  Q  A  S  J  N
C  D  D  D  R  I  L  L  S  I  X  W  T  B  J  K  O  R  G  W
O  H  O  J  D  L  Z  F  I  D  N  Z  S  C  L  B  M  X  G  E
D  O  F  G  Q  A  T  O  M  I  C  S  Y  M  B  O  L  G  J  T
```

FEAR	ATOMIC BOMB	SHELTERS
ATOMIC	ATOMIC SYMBOL	RADIATION
DRILLS	NUCLEAR FAMILY	DETERRENCE
URANIUM	TESTS	ATOMIC CLOCK
COLD WAR	ENERGY	MUSHROOM CLOUD
TEST SITES	FALLOUT	RADIATION SUITS

 FUN FACT The Atomic Age began with the Manhattan Project and the subsequent use of atomic bombs in 1945.

13. The Red Scare

```
I M W F Q G A J N K H E N F L X S Y Y F
Q X E F V H D L E B B V L G O D A Y V X
N A P N Y O N C M S I Y H T R A C C M O
R L B N Z A E Q H H G T R I A L S P V C
Q O N U V I T P R O P A G A N D A L P S
W B L A C K L I S T X Z C K Z R S W N B
S N O I T A G I T S E V N I A H K O Q D
E C Y N O I S R E V B U S N T R I T T S
K S O R B B F D Y H I Y O A H T G J T U
F N P M Y G Q M Y D A I O D A P X R D W
L C X I M U V J E G A K K S S Z R U L R
P O R R O U V Y L S T N U H H C T I W N
D L H F M N N O B X P C G G E L N K M O
J D Q U Y D A I O N C Q U D R I N X F W
E W L S A K Q G S A F P X P F M U M T N
J A Y H D C C I E M F B A H D Z N L I X
S R K S P Y H U N T S R I A K Z Z U A V
```

MCCARTHYISM	TEN	BLACKLIST
ESPIONAGE	SPYHUNTS	PARANOIA
ACCUSATIONS	COLD WAR	SUBVERSION
COMMUNISM	HUAC	PROPAGANDA
FBI	FEAR	INVESTIGATIONS
TRIALS	OATHS	WITCH HUNT

 FUN FACT The Red Scare in the 1950s, thousands of Americans were accused of being communists or communist sympathizers, leading to investigations by the House Un-American Activities Committee.

14. Greasers and Pink Ladies

```
O D F D K V L O W L U R G U M M H I G A
Q S A V X E F D T E T W R O U U O Y P W
P H K L A V M R T P D M E H O N T F J R
J U W T A J F Q X B J F A G B B B R S I
Q R H A T E P W A V O S U M F O I B A
I E U B R E R N N F Z Y E O Y G D R C H
R S Y O J J C P L R Z M C T Y D S I T D
J E X J D I O J G E T B I R D S G A U E
A L D I W A A K S B F N N F C A C R L K
C B U Y Y C P L X E Q S M L R H G T O C
J M P J K Y I M Y L V T E E E C E E O I
Q U S E X A D D O S F N T D Q N O R C L
Y R T X T B I Y U P K T H B A Y K M R S
Z S L Y R C N U U B E R O Y Y H L J B Y
U I N A L Y E E R S S K H D N O S E U S
O O E C X A R K U T N O X D B O Z R P N
P N H P T Y J W G R O E O O G P G C J W
```

CHERRY	HOT RODS	PONYTAILS
REBELS	TOUGH	GREASE
POMPADOUR	CIGARETTES	LEATHER
COMB	SLICKED HAIR	COOL
TBIRDS	RUMBLES	SHADES
COMBS	JACKETS	DINER

 FUN FACT Greasers and pink ladies were popularized by the movie Grease reflect the youth culture of the 1950s.

15. Soda Fountain Treats

```
D S M I L K S H A K E S F W F P J D C P
Y C I C E O E V Z A T G Q P A W F G X A
L X P A U N S F W Y N B X F U C H E R R
R L H H F D I W I B I Q S C O O P S W J
O J D G C D B N Z I H C R O L R A P Q B
O A M Y A N S I Z K U Y E O A O L T E A
T M A E R C D E P P I H W C R L S X M N
B F L O A T S X V N O J V Y R R E H C A
E V B F S P Z W B L V I R F Q E P O Q N
E V Y U O J P O U I Y E K B Q K A E C A
R Q L L D U X U N I Z B J P D N A M Y S
W M V C J V N B R T X S F V A N C I N P
J M C W I E W T L Y T M S A H T P E M L
G B O U J C X E A G S N B I A S S G A I
I W N A F S S V G I Q S A D O S Q R L T
T Z E S S U N D A E N S W A R T S J T J
I N S I I N Y T F D A K H V L N H M D M
```

MILKSHAKES	BANANA SPLIT	CHERRY
FLOATS	CONES	FIZZ
ROOT BEER	SCOOPS	PARLOR
SUNDAE	SODAS	FOUNTAIN
WHIPPED CREAM	ICE CREAM	MALT
SYRUP	STRAWS	SELTZER

 FUN FACT Soda fountains in the 1950s didn't just serve sodas, they were popular meeting spots where you could also enjoy ice cream floats and banana splits.

16. The Baby Boom

```
E X F P N B B Q W S T R O L L E R S M O
V P D H R O N I Z O Y B E M O B I L E S
S Z S N V T J T B V V Y O Y I A A K D S Z
L B X F Q T N N H S O O Y Q F L Y J D F
N E R J J L D Z T J O M M U P I S V M E
R X D U W E T I I B K E R E O E C X U L
U R S M B V A U O Z R R O Q E T Y A P S
M A M U A U F G M F W S N E P Y A L P I
Y T L V F F S R D S H I G H C H A I R I
U T Z I Q D X I I E F F R R E I L C L C
R L C T Y F A N G H Z S I V D D M J Z L
K E E P R P J V J X S B B B G N R Z N J
K S C N E O Y S C H O O L S C H T B R K
B F A R S S E L D A R C A R S E A T S W
S S S Y R H N B H H F B E L Z U H S I T
T J V K U N H X W I D Y V P O S T W A R
M A I K N U Z B F O N E S I E S W I V F
```

BOOMERS	ONESIES	PLAYPEN
DIAPERS	PACIFIER	CRADLE
RATTLES	NURSERY	CAR SEATS
SCHOOLS	SUBURBS	HIGH CHAIR
BOTTLE	CRIB	MOBILES
BIBS	STROLLERS	POSTWAR

 FUN FACT The term baby boom refers to the significant increase in births in the United States following World War II.

17. Elvis Presley

```
H S J X I M U P H U Z J V M K S U Z O W
I G A U K N V C R Q J Y U G N L I S X M
P M S H Z S B B G H S T D N F O G E D B
R P M U R R X R L A P H A I B Z O S X G
M Y K B P Y B C M I L P U K Z W D U F R
T G L K S I D E B U R N S K R C D O K A
R U X U V Q M N D N E G E L R M N H U C
E F F S V P Q G D N C P R O C K U L M E
P D I C H X K A E R B T R A E H O I X L
O U F I H I W P K X D A N C E N H A U A
M A S Q T H O K W R J G O H A O M J D N
P X I I B Q G J V W Y U W H K E Y P V D
A V V I V V F M T U B I B H R T I Q T Q
D U E F Z L H J G G L T F H I P S T V L
O G A G R T E T T L S A L E V I W S T G
U Q D N A Z O P Y R B R E I V O M O H C
R Q P Y Y S H L O B J A T X J V B P X Z
```

ROCK	SWIVEL	BLUE
HIPS	POMPADOUR	SIDEBURNS
JAILHOUSE	DANCE	GUITAR
HEARTBREAK	KING	LEGEND
MEMPHIS	GRACELAND	MOVIE
VEGAS	PELVIS	HOUND DOG

 FUN FACT Elvis Presley, known as the King of Rock and Roll, was initially known for his provocative dancing and was sometimes filmed from the waist up to avoid showing his movements on TV.

18. Teen Rebellion

```
T D A U T O I R W Y Z R D U D M B X H S
C E U Q I N U A Q D W G R E O R F L S Y
H S U B C U L T U R E W D T F H I L F V
N N X D Z T V E S H V L O B L I Y B U S
W D Q U K N X T V B R Y O R B A U T G
L E O O R N A M Y S C O J K T O O N C V
Z L E Y W T E J H Y A Z M L E H C Q C P
U I R Y S R D M C Y O L O Y B X G K T E
E N E Y U P S L M K L V C I H O B L S X
E Q B F B R E H T A E L F O U U T H H A
Y U E S V A M S W R B E A T N I K X L A
U E L E E U A D B Y E S V T V O O B W Z
C N O I R F J O U H T I D G E Y C M D Z
X C R L T O N R W H J G J U S M J I M Z
F Y R E K H Y T J J V C P S R A N X Z S
O V W J S A O O Z R S H Z L B V J W E A
M O E F Q T O H Q M P O M P A D O U R Y
```

REBEL	ROCK	DEFIANCE
JAMES DEAN	SUBCULTURE	MOTORCYCLE
REVOLT	ICONOCLAST	DELINQUENCY
HOT RODS	LEATHER	POMPADOUR
SUBVERT	OUTLAW	UNREST
TBIRD	UNIQUE	BEATNIK

 FUN FACT The 1950s marked the rise of the teen rebellion which portrayed the frustrations of youth against societal expectations.

19. Vintage Cars

```
P G U Q A Z R K Q G V C E Z O K Z E N I
N L D Q O S D E L B I T R E V N O C Q S
N S I O R V T H U N D E R B I R D I P M
F S S C R O N I M V N Y B O B F M A J A
L Y T H J T A E P U O C J U D P C F Y W
J D S R F E O D H K M Q Z H V B W R S S
U O K O E G C H T N R G N U G J B O Z
D L O M N A C H J R Q L K H G T D O R O
M B F E D T O G B I I Q O F T N S L N E
C Q L X E N I N N A O P T T P H C N A H
K I Q Z R I Y Y E L F H R D A I I O M S
F V P P Y V N A D E S L J U U E V U E B
B C I S S A L C Y B H L Z Y V Z J I N E
W C H R O A D S T E R D N I U M T Z T W
I T U E I F Y I Y D A J R Q X F P N S V
F W X G M X V S E B Y D J O I I S B U M
M M L B A I L V C Q J I Z F F P J M O I
```

FIFTIES	ROAD TRIP	ROADSTER
FORD	BEL AIR	SEDAN
COUPE	THUNDERBIRD	HEMI
FENDER	CHROME	HUBCAPS
DRIVEIN	CONVERTIBLE	HOT ROD
ORNAMENTS	CLASSIC	VINTAGE

 FUN FACT The 1957 Chevrolet Bel Air is considered one of the most iconic vintage cars.

20. Hula Hoop Craze

```
D H X F R L Y Q O J F R S M X C U J H S
A L C P N A I V G R O T A T I O N W G D
F P E P L S U M P W I N T H M E V U N A
P K S P M A A B B V C H X W T P J K I O
M Z F P Z X A I L O O P G L I W Z G G D
H G V M S L O J C O C O W R E R R C N S
D X X R W S E L C R I C P L Q M L E I S
P E U O F B P U A C G X Y V E K R K W C
L B D G V T R D T S C I Q K F T B C S Y
A W F D H A S H X M G W E O E W V E B T
S G M N A J N I G J I V E T E S X M R H
T V M Z H N E P A Q W E A V V P A Z U Z
I D J E P W C J Q W C R S G L O X L O B
C O J X S S O E S Y Y T W Q O O A E K M
Y S N S S Z E B T G D C I I V H U Q W G
K K X Y Y S U S D M G H R A E G M E U C
X R C K O X J Z V G V K L X R Y W S I G
```

HOOPS	REVOLVE	GYRATE
TWIRL	LOOP	PLASTIC
CIRCLES	DANCE	SWINGING
PLAY	SWIRL	JIVE
WAIST	HIP	HULA
FAD	TREND	ROTATION

 FUN FACT The hula hoop was marketed by Wham-O in 1958 and became an instant success, selling over 100 million units in its first year.

21. Polio Vaccine

```
T A Y I V V N P U B L I C H E A L T H F
T J M I I N O E Q G O G J U X D W L I J
D S R M N O Z L Z B Q C I X C F E L N G
A U A J J I I R N O I T N E V E R P O R
S X D L E T T A M N C J R E S E A R C H
C H X C C A O E I Q O Y T R I A L S U V
Q J O I T Z U F U N I R V M W S E I L E
B Y N M I I X D A M D O S G P B F Y A R
L Y N E O N E S U K J T U O J U X L T A
G P Z D N U R V K H T C P D M E O K I D
U C F I Y M U P A I I I V I K H R M O I
I J U P S M C N D Q L V X X D X V H N C
I Q U E Z I U Z E D I S E A S E K P H A
P Q U T P C K G P E N T V K F K J T A T
C I M E D N A P Y Y D X E B A L U T Z I
S B I P I G W B U D Y L J A I A M Q N O
K B M X L K F T B M S C E N P S Z A P N
```

SALK	ERADICATION	TRIALS
CURE	VICTORY	DISEASE
JONAS	PUBLIC HEALTH	RESEARCH
PREVENTION	INJECTION	NEEDLE
FEAR	EPIDEMIC	INOCULATION
IMMUNIZATION	VIRUS	PANDEMIC

 FUN FACT Jonas Salk developed the first effective polio vaccine in 1955.

22. Buddy Holly

```
D H E Q Q H O L L Y N L G S J O V D B T
M V M H T Y H R P V I E T N L A H P Q P
U Y S M H N J E N P T F W G I M E J K S
S Y E W S T L S X H I N K T K Y A B F Y
I A S K T C R O B S O O A D E Z R J I I
C J S W E W O D E E L X N L V O T C N G
E X A S K R B N V D I Z O E S U B U N P
G X L I C S R A E U S T B K E N E L O O
N F G H I P R H R N E W V N Q R A I V A
I Z Q B R R K T Y R B B Z F D F T U A B
P W N C C N F G D N I V S R B O Y Y T B
R H Z Z S D Q R A C T R U E L O V E O Q
I Q W J M F O B Y M C W T D Z I K C R K
H D U M I L F Z T R C O D C X X D N C B
C X F L L W J W A C R T F P I K O Y Q
R E E U S Y G G E P V D J I V E R X G V
K C X Z T G J I E I P S R F U X Y F U X
```

GLASSES	RHYTHM	PIONEER
CRICKETS	HEARTBEAT	TRUE LOVE
HOLLY	CRYING	WORDS
ROLL	CHIRPING	MUSIC
EVERYDAY	PEGGY SUE	JIVE
RAVE ON	ROCK	INNOVATOR

 FUN FACT Buddy Holly's style, characterized by his distinctive glasses and unique vocal twang, influenced future music legends like The Beatles.

23. Marilyn Monroe

```
A I C M D Y X J Y G V I F U F N P Y H S
Q M N T O S U L E Q L D Q T O J O M J X
O G Q Q N B F U C V X E Z C L N G H U N
B U N U K E R S T U H Y I V Q C Y O R I
V S J B C A D L I T R W X G F F Y L S B
F A S H I O N I S T A V R W V F I L E E
U Z P S N X O D S W J K E N N E D Y X A
L D J E E T N Z N E R P D S V X T W S U
L L B N I O R E A N R U L M H O C O Y T
E A Y S M U U W S Q W P I E O I G O M Y
H E L A M F O R I S Y P P D L D X D B S
S N I T P C M Y C T E H S N L L U S O O
B D Z I C C A H G C L R J O Y W J T L Q
M I J O Q L L G F J Z G D L W L J A W T
O A M N X Z G S C J K O R B O F I R K X
B K F N F H E N A E J A M R O N O B F F
L N W N X M A R I L Y N M O D D P G I H
```

GLAMOUR	DRESS	CURVES
BLONDE	MARILYN	BEAUTY
DIAMONDS	SENSATION	BOMBSHELL
RED LIPS	HOLLYWOOD	SEX SYMBOL
NORMA JEANE	ICON	HOLLYWOOD STAR
PRESIDENT	FASHIONISTA	KENNEDY

 FUN FACT Marilyn Monroe's iconic status was cemented when she famously sang Happy Birthday, Mr. President to John F. Kennedy in 1962.

24. The Ed Sullivan Show

```
D L L U S S E N T E R T A I N M E N T K
P Q S Z I P S F M G C T R Q W S X B N H
S V A H V H L S C J T S U C B S T F Y C
I T Y J L K T U V D R H O S T N V C S E
T J S C E A L C I C X E Z R C H E I A F
X X C E R T L S N B W U O H X O E V I L
Q R D S U D M H R L P H Q K P R U Y U B
I Z K R G G Q O S E C N A M R O F R E P
C E E C Q G A W T L N A V I L L U S E K
O F H Y U D V C B E A T L E S F U G M G
N A V F C Q S A X R V I V F I M A S V U
I E A A G J O S B X J A B B J T A T R P
C U S M A M O E A E R F Q X S H K A U X
O T D X M L E S Q I N O I S I V E L E T
U Y K Y E D L D E P I W A G O S H E A D
U Q Y K I C D T H A V Y D X O N Y N Z O
P N J X S C Y B P K K N J V V X I T Q O
```

VARIETY	TALENT	ELVIS
STARS	SULLIVAN	STAGE
TELEVISION	ICONIC	BROADCAST
BEATLES	HOST	ACTS
LIVE	GUESTS	SHOWCASES
CULTURE	PERFORMANCES	ENTERTAINMENT

 FUN FACT The Beatles' appearance on The Ed Sullivan Show in 1964 is one of the most watched television events in history, drawing an estimated 73 million viewers.

25. Automobile Culture

```
C W C X U G F L R C J H F Q N O U Z N K
E B V C R Y A H Q M C B G T S S C O L P
M O W X A P F L F M R C W G I I I H Y I
A V O A A R L Y U Y U O Z Q W P F P N T
B C B G D Q H U Z Q I P E W D A F H E S
U H S W D O K O B P S W O H S R A C B T
Y B G V J W M J P D E F G G A V R K B O
H I G H W A Y S O S P K K G C R T S Y P
H U W O X S J R O A D S T E R S N N R D
E M O R H C T E A R O U T E R I B R T R
T U G I J O D T V A Y T M H E V O E Z I
U N K Z H I T L Z V Z U A V S P F J T V
T H G A S O L I N E W P I E X T X D G E
W C B D P X U I R F D R R S Z H V L J T
P T A I L F I N S T D R A G R A C E S H
C O S E L B I T R E V N O C L S J T O R
R N S P V W T N W S R E S A E R G N O U
```

DRIVEINS	TRAFFIC	ROADSIDE
ROUTE	HIGHWAYS	CHROME
GASOLINE	CAR SHOWS	ROADSTERS
HOT RODS	TAILFINS	DRIVETHRU
CRUISE	CARHOPS	DRAG RACES
GREASERS	CONVERTIBLES	PIT STOP

 FUN FACT By 1958, there were more than 67 million cars registered in the United States, more than twice the number at the start of the decade.

1960's Historical Events

1. Civil Rights Movement: Heightened activism and legislative victories in the fight against racial segregation in the US.

2. Space Race: Intense competition between the USA and USSR in space exploration, including the Moon landing in 1969.

3. Vietnam War: Escalation of US military involvement in Vietnam, leading to protests and social unrest.

4. Assassinations: High-profile assassinations of leaders like John F. Kennedy (1963) and Martin Luther King Jr. (1968) shocked the world.

5. Cuban Missile Crisis: Tense standoff between USA and USSR over Soviet missiles in Cuba, bringing the world to the brink of nuclear war.

6. Hippie Movement: Emergence of counterculture rejecting mainstream values, advocating peace, love, and social change.

7. Women's Liberation: Rise of feminist movement advocating for gender equality and reproductive rights.

8. Beatles and British Invasion: British music bands like the Beatles gained global popularity, influencing popular culture.

9. 1968 Protests: Worldwide protests and demonstrations against war, racism, and political oppression.

10. Apollo Program: NASA's Apollo missions aimed at lunar exploration, culminating in the first Moon landing in 1969.

26. Flower Power

```
D P R P S Y V O J T X F V Q K P A Q Y J
K D E P O K H A Y P E A C E Y Y N T O R
T A V B Z C S W A J I D X E D T T T Q S
Q I O T V O H D X F L X O K Y O I V P R
T S L Z B T A R A R Z W G Z P B W H M H
B I U F H S V V R E Y D E I T H A H P A
F E T D L D Q G V E B M O X M N X T S T
M S I D E O B T C D B Q W K U F Y G Q M
Z W O J D O D O S O E H J O W C Q J L O
E J N S B W M D O M N Z X B H H F F C N
U L O V E M S U N S H I N E I A R K X Y
L X E A U H Z D K U T I D P L D E P H L
J Q M N N R S B S C Z E P Y H Y E A Y E
X L E C Z L I E E F L I H H K F L B W I
U S P R O T E S T I E U S D Y V O O R G
N X F T V M X H C S A W M T U E V O R M
H B E L L B O T T O M S Z B M H E H K K
```

PEACE	BELL BOTTOMS	BEADS
HIPPIES	SUNSHINE	COMMUNES
PROTEST	WOODSTOCK	HARMONY
GROOVY	LOVE	ANTIWAR
FREEDOM	TIE DYE	REVOLUTION
DAISIES	PSYCHEDELIC	FREE LOVE

FUN FACT Flower power was a slogan used by the hippies of the late 1960s to symbolize non-violence and peaceful protest.

27. Vietnam War

```
T H E V I S N E F F O T E T A R N K H A
L E L N N D K N O P D S R N R H Q Q D X
I L K X A D R O J Z R V D F Y M M C M P
A I T O P V R G I K A U V F U G D D W T
F C A K A X U X E D F G U E R R I L L A
P O K T L J R F F K T F S P X P C N R E
O P S U M W S A N T I W A R S D A F E O
A T B N S B O T H C C S G W K P R B L W
Z E S N T P L T S E T O R P A Q U U G O
N R G E R I D G R N V V E L X E A Y N A
K S H L I O I P M Y I C M P E A C E U A
I B F S K N E K P I P Z H C I Q A M J V
U B T G E A R G N A G E N T O R A N G E
J R J T S H S S R E G D O D T F A R D B
L R D D S M M O F F B H I A L Y M X N G
S W O P F P B R H A Y M U K E C W M Y J
V S E E T F A R D Q O W Y W E K W E M G
```

PROTEST — TET OFFENSIVE — HELICOPTERS
SOLDIERS — POWS — PEACE
ANTIWAR — TUNNELS — HANOI
AGENT ORANGE — DRAFT — DRAFT DODGERS
GUERRILLA — NAPALM — NAPALM STRIKES
MYLAI — JUNGLE — DRAFTEES

 FUN FACT The Vietnam War was the first war where the U.S. military extensively used helicopters, changing modern warfare tactics.

28. Civil Rights Movement

```
L M O D E E R F R O S A P A R K S R B G
Z S X H S U D A V Z T I G J Y Q X L L S
S X S B V T N E L O I V N O N D G S R B
F S K I T K B R K N V S D A P S N E B W
C R Y N F L I J L Y E T P A S O H F I J
V E G T R B R E L L B B U T I K G I R
O D V E M W M C M M W V T T N T R E B Q
T I C G A Q I A R X H O A A D L Q V T E
I R I R L B N G E B C G P W D U Q A B J
N M R A C S G W U Y E K N P A W H S E I
G O M T O R H I O R C P O L L M N T X M
R D J I L O A B G A M E I I U P X K A C
I E R O M C M E L L I T T L E R O C K R
G E Q N X Z S B Z K Y M S I V I T C A O
H R M A R C H E S T X J S G E D O S Q W
T F T R Q Q J Q X C S C F S L T A Z W R
S M M A R T I N L K I N G K A I Q D R P
```

SELMA	INTEGRATION	MALCOLM X
FREEDOM	VOTING RIGHTS	BIRMINGHAM
BOYCOTTS	BLACK PANTHERS	SEGREGATION
ACTIVISM	MARCHES	LITTLE ROCK
ROSA PARKS	EQUALITY	MARTIN L. KING
NONVIOLENT	JIM CROW	FREEDOM RIDERS

 FUN FACT The 1963 March on Washington, where Martin Luther King Jr. delivered his I Have a Dream speech, was attended by over 250,000 people.

29. Woodstock

```
V W A V F I E T B H A U M L E V W E Z H
K T H N Z R T Q L F M L E A L Y A C B C
M X T U R C E U T N C S C V M S D A H R
A K D I T N P E Q B M C R I U G P E P V
T P Q H Y R Z E D U Y N O T S D N P I F
P I Y N Z X B R D O X I S S I H I D N T
M A A D H O M F W W M A B E C I L R N C
M F O L K Y A Y M L T R Y F Q P P S C H
Y L X I R D N E H I M I J R S P O L P N
Q E A A K C O T S D O O W E E I J I L C
J T O N N Z K E D B M R N E V E S V Z M
B K P D U V K T C K W Y L O S I K F S
Q E R K P M H R O C K J Z O L L N J L O
A U H F P P M P P T L F Y V H Y A Z M C
D L U Y J W M O V K K F S E K E J U C G
K Y U F G J U Q C Y F Z S D Q H X X H X
Q Q Q Y V J E F K W I H L W A O B R W X
```

HIPPIES	TIE DYE	FOLK
PEACE	FREE	COMMUNAL
MUD	FREEDOM	JIMI HENDRIX
ROCK	MUSIC	CROSBY
WOODSTOCK	LOVE	FREE LOVE
JANIS JOPLIN	FESTIVAL	RAIN

 FUN FACT Woodstock, the iconic 1969 music festival, was originally planned as a profit-making venture but turned into a free concert when the crowd grew too large to control.

30. Hippie Culture

```
Q K Y Q E V O L E E R F J M G E S F F S
Z P J V M X K C N A N H S I R K E R A H
C L T G T D J H A K X T J O Q W R V N E
L O Q X Z Z E B T I S P I R I T U A L R
N P O G R B E W U I P E Q S W F D Z T U
V M W D I A T R R Z Y L W M E L T C L T
P T I E D Y E U E L I F E S T Y L E T L
D F R S M G C R E W O P R E W O L F B U
R C B D R F O K R D E S U B W V N I E C
E O V X G S M P P S Y C H E D E L I C R
Z M W K T W M P L Q J G E Q O P E U J X E
H M B P V H U G L U B C H F U V G K Y T
W U W M B N N J Q Y A F N F P O B L N N
O N T Y H X E U H E L K J O C L L Q U
V A E F L K S U P C T W G R O O V Y O O
Q L C K C O T S D O O W K I C R J J N C
S M V Z N D O B E L L B O T T O M S L B
```

FLOWER POWER	FREE LOVE	COMMUNES
BELLBOTTOMS	WOODSTOCK	COUNTERCULTURE
LOVE	LIFESTYLE	HARE KRISHNA
GROOVY	TIEDYE	COMMUNAL
BEADS	PEACE	SPIRITUAL
VW BUS	PSYCHEDELIC	NATURE

 FUN FACT The hippie movement originated in the Haight-Ashbury district of San Francisco.

31. Mod Fashion

```
E P X L P G N I K C O L B R O L O C J Z
S N U Y B W T M Q I V N B B C V M T E Y
G E U O D O H E W Z J Q E A S A H U K G
X H A B U X L F D W U P C T T I O G A G
Y R S H I F T D R E S S E S R A R W U I
Q U T Q A G R O P Y T I F M I L S Y Q W
N C N D I P I O S R D A B A K E Y P H T
Y O A U O E L O P K I S C R S D J D T R
E L U W U J G Z G R C N Q T I O L Z U T
F L Q P L Y N I V O A K T G N X P A O C
I A Y N S G R N O C J H N S I K M A Y F
G R R E X O H T G R U P S H M M F I R O
L S A A G Y E Z V T D H V D L Q C W D T
P S M L F R H G T P S Y C H E D E L I C
P H B I S T O O B O G O G A B I B D A F
G M B N A N X D B W L N O S B Z J T C Q
E V Q E A O N O O S S A S L A D I V H Y
```

MINISKIRTS	COLORBLOCKING	VIDAL SASSOON
TWIGGY	SLIM FIT	OP ART
SHIFT DRESSES	YOUTHQUAKE	NEHRU COLLARS
PSYCHEDELIC	GOGO BOOTS	SHARP
VINYL	ALINE	BIBA
BOLD PRINTS	MARY QUANT	SCOOTER

 FUN FACT Mod fashion emerged in London in the late 1950s and is characterized by bold geometric patterns, tailored suits, and stylish scooters.

32. Psychedelic Art

```
R Y J A G P U R G T H G I L K C A L B H
B L R J H C H D S H L A E R R U S B T G
X U E Y O Q A E L N P Y U N K N U J U T
N H W L N U I R R B H F E E T F G G F K
Q X O F A F G A I Z A P T O H F M R R K
Z R P H S A H I W S M R R N Q U W T A G
S R R Y R R T N S R P O P T I C A L E L
X H E K E O A B N E M I T K U D E T A I
V H W K V U S O P G X A T Y P I P O Q U
I Y O D O T H W Y I A I P A D O W H F L
B V L G C E B V U K S P H O W M B V K O
R O F Y M H U I L R I D S S I R V X J H
A O J J U L R K L R D C E D B B D L K R
N R C Q B A Y I T S O C O Y S A B R X A
T G I L L E D Y O P S N R E T T A P L W
H L L B A H S W I L J W S J X D X A P N
R A Z T I L L C Q J J S O U T Z C N S E
```

TRIPPY	FLOWER POWER	OPTICAL
SWIRLS	HAIGHT ASHBURY	BLACKLIGHT
LSD	FAR OUT	PATTERNS
VIBRANT	COLORS	WARHOL
SURREAL	GROOVY	ALBUM COVERS
RAINBOW	NEON	KALEIDOSCOPIC

 FUN FACT Psychedelic art became popular in the 1960s, using vibrant colors and swirling patterns.

33. Summer of Love

```
U N S D Y N L J J D X D Y E U Z L E U H
Q X T I G C X I M T L S D R Y Y P N L C
I C V C I G Q P M Q J F O T U D P S D K
I F S S B K C O T S D O O W F B E W L G
U V U L U F R E E L O V E N T W H I S V
U M R S A N F R A N C I S C O E J S T Y
D S E H A J D S D S F T Q N H H S B A S
C F J C V Y S M V E E R C Q J V Y V E L
B Y I A K N C A X X S N I O Q C R N D A
Z D M O I O A T R L T U N M H O U M E N
T P T E W M F W S R I N X F R M F E B U
F R V S C R B H V T V M O D M L E V E M
V O E D P A E N Y U A M K O O T T O A M
L T R L G H E Z M M L O C W I I P M D O
T E T G Q O B P X B S S E I P P I H S C
P S Y B A S D N Z Z K R E T L Y M P J M
M T B R P M N P R W S K H H G K M S E P
```

HIPPIES	PROTEST	TIEDYE
PEACE	FESTIVALS	ACID
FLOWERS	SAN FRANCISCO	BEADS
FREE LOVE	LOVEINS	LSD
COMMUNES	ASHBURY	COMMUNAL
WOODSTOCK	MUSIC	HARMONY

 FUN FACT The Summer of Love in 1967 attracted nearly 100,000 people to San Francisco, all drawn by the hippie movement and the allure of a revolutionary culture.

34. Beatles

60s

```
E H J Q L E N I R A M B U S T M A H T R
L U O S R E B B U R E L C N Y Y U H K E
S D L L B R I T I A N L I V D J N W E P
K Q N I R Z X Y S A E N D V T J U I J P
R E V O L U T I O N A D U M E R A O Z E
H B T K Q T M F N V G M R X W R I P R P
G W S S L O A O I Z R C O U H G P Z T T
Q C I L H Z N L D R O B F P O E W O Q G
G G W H J O L E A M M T G W T F B F O S
Q D T H J U U T O Y Q A M R A O B C Q L
Z R A G S R S T R W R D T B A P P A E F
W M P D O A C S Y H A R R I S O N S F K
L H E R F C O D E J M C C A R T N E Y Z
Y E L L O W S U B M A R I N E F E Q I N
L G B J F X M P B A I N A M E L T A E B
D S F T U N W D A Z Z X O F T O L T C Z
J B U K N V J B I M Q X V Y V D Z A J U
```

FAB FOUR	BRITIAN	ED SULLIVAN
ABBEY ROAD	TWIST	MCCARTNEY
SGT. PEPPER	SHOUT	STARR
SUBMARINE	LIVERPOOL	BEATLEMANIA
LENNON	MOP TOPS	RUBBER SOUL
HARRISON	REVOLUTION	YELLOW SUBMARINE

FUN FACT The Beatles held the top five spots on the Billboard Hot 100 singles chart in April 1964, a feat that has never been matched.

35. Women's Liberation

```
V L O R T N O C H T R I B T M J E T Z S
Z E I I C T Y B R Q J E H H E Y Z D O Y
N A D E I R F L X E E J W T N N W O J E
D S E C O N D W A V E M J Z I X A H D B
Y G P C H A C T I V I S M V E H Y O A T
T N E M R E W O P M E W U F T Q O V R N
V V A Z L J F C M I L F S Y S H I A E Z
N W M Z F H B W N P U U Z U R D F R N I
O Y O D X B R O E V W A D E V E E I S T
I E B R A B U R N I N G T D S Q M G T V
T Q P A L V U I D V I S N T E U I H D L
A G L A S S C E I L I N G V H A N T O K
R C R E Y X T K E S D Y A U C L I S G B
E E I A X A U G E N D E R J R I S D A V
B K M Q A K T P Z D I B M O A T M X S V
I Q G R W H I P H I K D O V M Y U B Y R
L J S T H G I R E V I T C U D O R P E R
```

ERA	BRA BURNING	EQUALITY
GENDER	SECOND WAVE	ROE V WADE
MARCHES	BIRTH CONTROL	SISTERHOOD
FEMINISM	RIGHTS	EMPOWERMENT
ACTIVISM	STEINEM	GLASS CEILING
LIBERATION	FRIEDAN	REPRODUCTIVE RIGHTS

 FUN FACT The Women's Liberation Movement gained momentum in the 1960s, leading to significant advances like the approval of the birth control pill.

36. AntiWar Protests

```
G I O J S C O U N T E R C U L T U R E U
W G L D O H H W Z N R L R S A U F S F S
S B S M D W H V I E T N A M K D S N L M
R K M B Z G V V U S M Z Y Z M P W O X I
O Q L F M U I R O T A R O M R A W I Q B
T Q M S X S N I H C A E T Y Q Z Y T B L
C O F R W K O B Q M K X F E Z N S A T D
E N L E P A C I F I S M R L H L N R V C
J A O K H P R O T E S T U E K L N T M J
B F W A V W S Q B K C O X K N F K S X S
O G E U F D E I W I K Y S R N O I N Q M
V D R Q U Q H E Z B S J D E W V R O I B
Y T P T P F C C X J U B R B I B O M E Y
G D O I C E R L Y G K D X T B L V E A X
B G W R O H A L F Z I L C S C B B D D O
Q V E C M F M C V T G A J V N D R A F T
P W R H I P P I E S R E G D O D E R B J
```

SDS	OBJECTORS	DODGERS
DRAFT	FLOWER POWER	PACIFISM
PROTEST	COUNTERCULTURE	ACTIVISM
MARCHES	PEACE	TEACH-INS
QUAKERS	VIETNAM	DEMONSTRATIONS
BERKELEY	HIPPIES	WAR MORATORIUM

 FUN FACT On April 17, 1965 the Largest Anti-War Protest was held in Washington, D.C. with 15,000–25,000 protesters.

37. Folk Music

```
B S G B W O R R D T I L O K D F R V S P
Q D C W A Z N V X O C A B X N L N R N G
O A G B A L L A D S O V G K E R L W X R
J R M P V B D D F G F I U C W P Y Z W F
C J A S U D K B W N F V X O P R A T Q Z
D J U W M I L Z S I E E G T O O Y I P H
A O G C I M O Y T L E R F S R T S S O O
K A I Y X T F C O L H K X D T E H V B O
U N I S Z V N S I E O L Y O J S R W V T
G B S X W M H A I T U O M O R T Q C S E
C A R H E C A E P Y S F B W C S O E U N
W E O U O B K D L R E U W O G H T G G A
O Z O L C I X Y M O V M O L M O O B F N
R S I Y C B R L X T H D M C R C C T V N
H H A I F A F A K S C O A P A I K O G Y
P C I K Z T V N T G R E E N W I C H T Y
L F R E G E E S Q J Z K B Z G D R O L D
```

ACOUSTIC	COFFEEHOUSE	HOOTENANNY
DYLAN	STORYTELLING	PHIL OCHS
SEEGER	ANTIWAR	PROTESTS
GREENWICH	PROTEST	NEWPORT
BALLADS	JOAN BAEZ	PEACE
FOLK	WOODSTOCK	FOLK REVIVAL

 FUN FACT Bob Dylan, a key figure in folk music, controversially switched to electric guitar at the 1965 Newport Folk Festival, marking a significant shift in folk and rock music.

38. Space Exploration

```
Q R H N I R A G A G I R U Y Z R X J U I
G T A Q M L H B N Q M X T A N Z G V Z F
D A N F U F S H J A O T E L E M E T R Y
Z E F N F M T U A N O R T S A N M C W N
W P A Z J X M O M L N T U S B Z I O C W
S R M A L U J H L D B A S H M I N S W O
H K L F E R J O V P I R R L A L I M K D
Z G J X G S P E T S E O O S O Y E O R T
Q Z G Q M A J G V V L C I Q L C D E C N
Y G S Q A M X N O B E K C Q A T B A P U
T I B R O Y V O W X R E R R F K L U Z O
B T K O S P U T N I K T E L Y C A T T C
Q P G I A X X S E T K C M E R C U R Y E
M J N A S A S U N U A F N M T N N L K T
V S P H C I C O D P C J A D V H C X Y Y
T Y G A Y P J H S G Q I Y L I F H E F M
M H L U N A R L A N D I N G I Q C K H A
```

MOON	TELEMETRY	SPACE RACE
NASA	LUNAR	LAUNCH
YURI GAGARIN	ASTRONAUT	HOUSTON
GEMINI	APOLLO	COUNTDOWN
ROCKET	SPUTNIK	COSMONAUT
ORBIT	MERCURY	LUNAR LANDING

 FUN FACT The first human to walk on the moon was Neil Armstrong in 1969 during the Apollo 11 mission.

39. Kennedy Era

```
B C I B T K X E F R E B B T C C D D Q I
R Z S N O D K C G E U X B O J I Y M Q F
X Q G O T K A A U I Q D Z P X A L M M T
P F I I G C N R O T S M S D G C C P Q W
K A P T E C Y E T N E A L I W W L K J S
S Q F A V F R C J O Y R R R S Y T D I M
P C O N J B W A Y R D I B B Q I O D C E
R A Y I T E J P C F E L V L M Z R R I A
O M A S Q X D S W W N Y N L M R J C V L
C E B S R J F K X E N N A B U C R I L
E L X A S A C G O N E M V W A C V E L J
C O U S F W E F Z L K O M N C W W I R R
A T Z S X D G L I M N N K I G S P T I T
E D G A B B D O C A M R X L W R V N G R
P H Q O A F H P A U T O X R V Z A O H F
I E L I S S I M N S N E P E R E M R T T
Z Y K I N W K A P O L L O B U D G F S H
```

JFK	BAY OF PIGS	NUCLEAR
JACKIE	KENNEDYESQUE	SPACE RACE
CRISIS	ASSASSINATION	BERLIN WALL
MISSILE	CUBAN	CIVIL RIGHTS
FRONTIER	APOLLO	NEW FRONTIER
PEACE CORPS	CAMELOT	MARILYN MONROE

 FUN FACT President John F. Kennedy's administration, known as Camelot, symbolized a new era of optimism and challenge, inspiring America to support space missions and civil rights.

40. Apollo

```
O D P C Z S J B B J O E L V I A L B S Z
E K Y E O E K Q O Z L K H A W V Y L P R
L E J N I N L V K O U R F L S F P D A B
U N C A M P N E K Z Z O N D E M K S C Y
D N Q T M R S F Z D Y C O R M D O O E O
O E P U U Z S L Z V K K I I H G J G P T
M D B T S K A I V C S E S N M X A T R Z
R Y A Z P Z C P Q W Y T S S N I L L O C
A S B K L A W N O O M Q I U E Z M B G L
N W N J M C M M Y L L O M D I L V C R S
U A R M S T R O N G L T G T M J W H A Q
L K L E D L H N A S A O N K W U Q V M Y
O N N Q M A N O I T A R O L P X E M R N
O N O O M U N W O D H S A L P S F O B L
T T O O B N S T U A N O R T S A A G S C
Q H J R M C T F A R C E C A P S Y D H N
U A D E G H P G Z S J T D V Y Z O F B R
```

MOON	ALDRIN	LUNAR MODULE
APOLLO	KENNEDY	MISSION
SATURN V	EXPLORATION	COLLINS
LAUNCH	NASA	SPACE PROGRAM
MOONWALK	ASTRONAUTS	ROCKET
ARMSTRONG	SPACECRAFT	SPLASHDOWN

 FUN FACT The Apollo program was NASA's third human spaceflight program and successfully landed 12 astronauts on the Moon between 1969 and 1972.

41. The Rat Pack

60s

```
H E E G N U O L D E B B N V J F K S H D
W S B O A H Q E A O C N G A O S A G E V
X T R Q L O C B N X B C B B E K S V P J
F C Y A L L R S Z Z A J W T K D J S E W
J M F T B L O W P S I N A T R A O X R N
D C R O Z Y O I R U G U P A N D P D F Y
J Q I A P W N N G C B Z H Y E H A S O O
R A S I A O E G L D X O M X S V W R R Q
D G G F B O R I D J W M U H I I L D M P
K B A Q K D S N C C A T K S N H S K E Z
T R A T P A C K O S M P J G O K D R R J
Q Y S X I A X Z V C X R E L H G N X S D
Y Z L M N M P H I O S R G M R P A O V M
P M A R T I N B M O S Q R E R Q S M C H
M W C T V L N P C L X D X A Q K E E B O
F K G C Z S E L M G U T W B J I H V L P
E N T E R T A I N E R S N Q G B T Z S O
```

SINATRA SWINGIN' HOLLYWOOD
DAVIS JR. SAMMY JAZZ
CROONERS LOUNGE TUXEDOS
SWINGERS MARTIN DEAN
PERFORMERS VEGAS ENTERTAINERS
THE SANDS COOL RAT PACK

 FUN FACT The Rat Pack was a group of actors and musicians including Frank Sinatra, Dean Martin, and Sammy Davis Jr., known for their Las Vegas performances.

42. Swinging Sixties

```
B H F H L E M Y H P G F G J K S C G A T
R F J S Z K I K P S Y C H E D E L I C V
M U S I C A N S Z T R A P O P L H L N F
T D Q H L U I R U J R G E Q F T B J V N
I X K N P Q S Q T N A U Q Y R A M Z I G
C W J O O H K M Q W B A L C S E C Q P G
J A Z D F T I C T J M W M Z O B D P C E
I B J N U U R K V E L O H R A W Y D N A
P I O O E O T Q H D Y V O O R G K R H E
G Q Z L D Y S E I N X F A S H I O N S Z
N O I T U L O V E R T R H H X L I Y J B
H V V O V J E W N W P I S F E T C H H Y
J M E F X B H C I N P C F Y D B R S H I
T I K L I R U G A P P G Q S A U R Z W J
A Y C V T E G E I E G O I L C Q L V W M
W K W Z U Y X E V Q P R R O E Z G I O M
V D I O C A R N A B Y A S Q D M O D P E
```

FASHION DECADE TWIGGY
YOUTHQUAKE HIPPIE GROOVY
MOD PEACE MARY QUANT
BEATLES MUSIC REVOLUTION
LONDON CARNABY ANDY WARHOL
PSYCHEDELIC MINISKIRTS POP ART

 FUN FACT The term Swinging Sixties refers to the major cultural shift in the 1960s, characterized by progressive attitudes, modern music, and liberated fashion.

43. The British Invasion

```
Y L G A J O I R S H E B N M B G L U H S
B O X M W H V B E T X R G C F J W C D E
A J P L I V E R P O O L Z I B C B A A N
N O W N V D M Z H Q Y O N W D V I X V O
R E K Z Q I R R L Q Y V R Q P O P T Y T
A E K R T R L T F M A W Y Z U A A X J S
C T D S D N A B H S I T I R B E P A O G
I N J S F M A U I S L M L O B B L N A N
N J D G U O O O D N E P U Y P Z M V E I
R O R Y K L N D X K K L E S O B W B S L
Q C I C P M L P S P K S T F I H G W R L
T C N H U T F I W R C D A Z C W B V O
S S R O S B K A V E N B O E E Z O E I R
S A C D Z A R I M A X Z K R T B Q E H Y
O L P E E E F N O R N T C P H K Y Y O T
F R E S N R E A T V U P F F M E P H F N
S Z Q V J E W M P H V G D S T B S J U S
```

BEATLES	LIVERPOOL	ROCK
INVASION	THE WHO	HERMITS
BRITISH BANDS	SCENE	DAVY JONES
MODS	ROLLING STONES	ED SULLIVAN
POP	MERSEYBEAT	MUSIC
FASHION	CARNABY	MANIA

 FUN FACT The British Invasion was a phenomenon in the mid-1960s when bands like The Beatles and The Rolling Stones became immensely popular in the USA.

44. Youth Rebellion

```
O K Y F W T E Z H A L V E Y N D P Q W Y
B J Y H E E U J W T P J F T N C E F T O
O P I D C O M O D E E R F I O I G N N L
E C R A M E E H T I K F N M I V N W E C
S K E P D F R E E L O V E R L I A T M O
K P V I E T N A M W A R M O L L H X R U
N W R O C K N R O L L K J F E R C Y E N
O O V F H P Y U M C J N X N B I L H W T
I O R E W O P R E W O L F O E G A H O E
T D U A Q B C L F D R J W C R H I D P R
U S Z E J P R O T E S T E N A T C N M C
L T T T S Q Z X R V N X C O E S O I E U
O O S S E N I P P A H V D N I I S S T L
V C L U Y D U S E I P P I H D V L M Y T
E K P C Y I Z D N O E B T J H X I B N U
R A B A M S I V I T C A R W Q K P T V R
Q Y M D M F W X U E V J R P T E R A B E
```

PROTEST	FLOWER POWER	HAPPINESS
FREE LOVE	WOODSTOCK	NONCONFORMITY
FREEDOM	COUNTERCULTURE	SOCIAL CHANGE
HIPPIES	ACTIVISM	VIETNAM WAR
REVOLUTION	REBELLION	CIVIL RIGHTS
ROCKNROLL	PEACE	EMPOWERMENT

 FUN FACT The 1960s saw significant youth rebellions worldwide, with students leading protests for free speech, civil rights, and against the Vietnam War.

45. James Bond

```
J R J Y E H G C E E Y E N O I T B J T M
T A Q N D G C E S P Q I S T N M Z C R S
U W O N G E J W S K E G A N O I P S E R
T D F E N D E R T C E P S X E V S Y N E
Z L J P E J B Z Z H Q V T Z R C T A W G
O O U Y K C B N V D N F U F K G I Q C N
J C W E A Y Y R E N N O C N A E S L D I
E J T N H C I R J D X C R D K D S M E F
S C N O S D R N O F L A G V H D A T O D
D R J M Q I K F E M M E F A T A L E S L
S V A S T O N M A R T I N O Q Y Q N E O
Q E I S Z V K K N S S S I B S N W R M C G
J B T L P C O V Z G E T B Z L A X O T T
M O A B L U V W M S C P G G C Y W T N T
N F P F O A I O Y I R R Y F U K Y E M K
M Y B W P S I G M P E W M I O W G H W H
G F K S Z L X N B S T D X Q R A I R T W
```

SPY
AGENT
GADGETS
SHAKEN
DR. NO
SEAN CONNERY

ESPIONAGE
MONEYPENNY
COLD WAR
SECRET
ASTON MARTIN
CASINO

NOT STIRRED
GOLDFINGER
LICENSE
FEMME FATALE
SPECTRE
VILLAIN

 FUN FACT James Bond, created by writer Ian Fleming in 1953, became a cinematic icon with Dr. No in 1962, sparking a successful franchise that continues today.

46. Black Panthers

```
B L A C K P O W E R Y E A P M P T K V X
Y T I N U M M O C G K I S I A L F B P L
N O I T U L O V E R N T L N H O Y W O G
R A H S Y Z N G R Q I T O G X B K L T
G C A L X N F X O X T H M G Y R B C I H
O D N B J M R F Y A E X W X L M V S C U
A E G J Z T I D N R E H A A Z B L T E E
K M E M Y L T C S L C K F A A I L H B Y
L R L E A P Y F U E Q U A L I T Y G R N
A A A C F E M P O W E R M E N T C I U E
N M D X J R Z B D G E U H Z X R C R T W
D B A P S E L F D E F E N S E W N L A T
Y M V U M S K M N Y U A D Y K B X I L O
M S I V I T C A N C R F U M W P F V I N
Y Q S P O L I C I N G R X B C Q J I T D
Z I G G Q S L Q G N O O F M A V X C Y X
Z D Z J V K Q J H W W V I J W P Q D Q E
```

ACTIVISM	AFRO	CIVIL RIGHTS
REVOLUTION	EMPOWERMENT	PANTHERS
ANGELA DAVIS	SELF DEFENSE	ARMED
MILITANCY	BLACK POWER	POLICE BRUTALITY
EQUALITY	HUEY NEWTON	COMMUNITY
CALIFORNIA	OAKLAND	POLICING

 FUN FACT The Black Panther Party, founded in 1966, was originally called the Black Panther Party for Self-Defense and was established to monitor police behavior and fight police brutality.

47. Flower Children

```
O F L C B K U K M O D E E R F G Q H E N
B U Y W P R Y I U M F B H V C A S I K J
P C T L Y N E R D L I H C U E P Z P H E
P R I E R U T L U C R E T N U O C P V X
M P M E V O L Q M H S S V M C Y Y I R I
H A R M O N Y D D H Y K B S I Z W E B B
D B O D Z S A R Q D F U P I S K E S P S
E V F F L N K R Q T E S N L U G L O E W
D A N M R E C A E P Y J T A M N W N S O
N Z O W K O N M P C S B E E U E U S W O
I Y C Y H B M X H Q H F H D R M W O B D
M X N O R O Z E H J S C K I M I K E T S
N R O X A V D Z P O J U J O M C A I E T
E Q N W W E W K T O N Z C Q Y D E Y E O
P B X L L A U N F L O W E R S D Q W J C
O P W I V I P T M U N C P J Y J L N V K
S R C T X S H C X V O R Y E U P Y L I G
```

PEACE	POWER	FLOWER
HIPPIES	COUNTERCULTURE	PSYCHEDELIC
FREEDOM	CHILDREN	WOODSTOCK
HARMONY	LOVE	NONCONFORMITY
BEADS	TIEDYE	OPEN MINDED
MUSIC	COMMUNES	IDEALISM

 FUN FACT Flower children were known for their symbolic use of flowers to represent peace and love.

48. The Jetsons

```
A I M H A V X N F U I V C Z E I J E A D
U M M S H Z O L S D R V J J I A E G L J
E L T E A Z C N A Q Z D G P H U O A N F
W R B L N X N U B U B O S F S T W E K Z
O S U Q N T E C H N O L O G Y O Q C P T
D J K T A Y P C A P S U L E S M T A W M
W H S Y U W L P E P N I W H X A P P K J
X O V R S F U X D S G Y Q Y T T B S M D
W D R H A C F N F C F U T U R I S T I C
C B D I C C R D I T A J U M K O U R Y Z
J D A X V Q G A C A R T O O N N O K G N
E L R O Y B E N P A E E F I E B W R E L
S T T U P D Q W I E Y I K H O Z T B O E
R O R B I T C I T Y R X S T B M I H R M
Q P J A N E J U D Y L S S O H Y C E G N
S E X U Y B F F O N W F G Z R S Z G E B
K Y Z O K C J J E G C D N R A M I G G J
```

FUTURE	JUDY	GEORGE
ROBOTS	TECHNOLOGY	ASTRO
HANNA	FUTURISTIC	ELROY
ORBIT CITY	SPACE AGE	CAPSULES
JANE	FLYING CARS	SKYSCRAPERS
ROSIE	CARTOON	AUTOMATION

 FUN FACT The Jetsons, premiering in 1962, was the first program broadcast in color by ABC.

49. Mad Men

```
Y R U T N E C D I M P F L T Y G Y L I R
D C I G A R E T T E S Z T A Z H M W J Q
B N O E H D I Z L P J T W R G X X L P V
F X P V W H I S K E Y O G O R X Q T K Q
J O D I K X B F P O L N H C D U U I C P
Z W B T V O S R Q L I M A D A G E N C Y
P O L A R O I D O S B M W S T I U S B Q
M R K E X J C H I B F I U F S M I W E R
A A H R S C N T D U F P I Q W A I U T E
N I V C W A R L T K A T S X Q D S G T P
H B K S O E H X G F R J M R K I Z O Y O
A R J J V G G G P E G G Y O L S O N D O
T U I D B N O O H F T P K E Z O P Y R C
T B A Q A W S C Y R E P A R D N O D A S
A U O F F I C E D R A M A B L A F Z P I
N S D L M M A R T I N I E B T V M L E P
P E R W K C D Q U N K W S T Y E S Q R E
```

ADVERTISING	MIDCENTURY	CIGARETTES
DON DRAPER	BETTY DRAPER	SUITS
JOAN HOLLOWAY	MARTINI	OFFICE DRAMA
MANHATTAN	COOPER	SUBURBIA
WHISKEY	PEGGY OLSON	CREATIVE
MADISON AVE	POLAROID	AD AGENCY

 FUN FACT Mad Men, set in the 1960s, meticulously recreated the era from the costumes to the societal attitudes.

50. The Twilight Zone

```
W L N G T V D X O I U E C S M E D S U Y
T C A Y O G Y A Y M N R W U I E K T Y T
O U A E R H H X S Y D R Z O N J N I P I
M U G X R X D R R Z T A O I D L L M E L
L H H N V R T X A T W Z N R B X E I E A
R S I T I D U V X F I I E E E C V L R E
U Y O A T E U S B O L B J T N E A R C R
Y G O L O H T N A M I L D S D J R E T E
K U L E U Y K M W T G L M Y I P T T U T
P A R A N O R M A L H I S M N U E U M A
X Q N S G T R L Z W T L J C G S M O E N
H E J P S B A L T W I S T S I E I A H R
V N C E A U S H M T B K A O I F T M W E
A N O I S N E M I D E A T R F X I M B T
U S M U G C A C H I L P E U Z Q B S Z L
R K N S I H D T S M O E N A R V K J M A
I U R O D S E R L I N G M O L E M R T C
```

ROD SERLING	ALTERNATE REALITY	TIME TRAVEL
SCIFI	ANTHOLOGY	ZONE
UNUSUAL	TWISTS	PARANORMAL
MYSTERIOUS	TWILIGHT	CREEPY
BIZARRE	DIMENSION	MIND BENDING
OUTER LIMITS	SURREAL	EERIE

 FUN FACT The Twilight Zone, created by Rod Serling and first aired in 1959, used science fiction and supernatural elements to explore complex social and philosophical themes.

1970's Historical Events

1. Watergate Scandal: Political scandal in the US involving President Nixon's administration, leading to his resignation in 1974.

2. End of Vietnam War: US withdrawal from Vietnam in 1973, marking the end of a divisive and prolonged conflict.

3. Oil Crisis: OPEC oil embargo in 1973 led to global energy crisis and economic disruptions.

4. Rise of Terrorism: Increase in terrorist attacks worldwide, notably the Munich Olympics massacre (1972) and rise of groups like the Red Brigades and Baader-Meinhof Gang.

5. Iranian Revolution: Overthrow of the Shah of Iran and establishment of an Islamic republic in 1979, reshaping geopolitics in the Middle East.

6. 1973 Chilean Coup: Military coup in Chile led to the overthrow of President Salvador Allende and installation of Augusto Pinochet's regime.

7. Civil Rights Movements: Continued activism for racial equality, including the Stonewall Riots (1969) and subsequent advocacy.

8. Nixon's Visit to China: US President Nixon's historic visit to China in 1972, leading to improved diplomatic relations between the two countries.

9. 1979 Iranian Hostage Crisis: Seizure of the US embassy in Tehran and 444-day hostage crisis, souring relations between Iran and the US.

10.Emergence of Environmental Movement: Growing awareness of environmental issues, leading to the establishment of Earth Day and environmental protection legislation.

51. Disco Fever

```
Z V Q N P P U P O A R U Y Q F P H P F F
C G Q W E V A X J H E A O L U M N D K W
D X L F S Z Z W N N H A A S R O R R I M
Q Y D R T J S F T U I T S E E G E E B P
X F H O U V R F S M V S B E F J C F E U
L X F O D Z M T F K I I H O B K C I P B
H U P L I U L N R H G N R E J I G L O U
K R L F O E S U Z V L F P B E O X L L T
W D A E F S T H G I N E I G O O B A Y U
C M T C I A X Z H P U R K B R U K B E G
J O F N F C T W N Q C N O K E Y K O S O
V P O A T J L L C L J O X D T H N C T O
Y Q R D Y W E T O U F B S Z T S U S E A
X K M S F L X N F V J D R H I A F I R R
H S S F O H W N N F A D L M L L Q D W I
T R X C U S K B V L O R Y F G F R A F Y
D F W W R Q Y R X W H R T S E Q U I N S
```

DISCO BALL	BEE GEES	POLYESTER
MIRRORS	SEQUINS	DJ
FLASHY	PLATFORMS	HUSTLE
GLITTER	BOOGIE	INFERNO
DANCEFLOOR	TRAVOLTA	STUDIO FIFTY FOUR
SNF	FUNK	BOOGIE NIGHTS

 FUN FACT Disco music peaked in the late 1970s with the release of Saturday Night Fever, which became one of the best-selling soundtracks of all time.

52. The Love Boat

```
U E K F Q F O G P C F L Z P W T L C W E
Q S D X E M Y J A N U Z F D I K U F N I
H I K V M G X P J X J H B Y F N L D A L
E U N R K E T G U E S T S T A R S U E U
S R Y R W A B R R Q Z L Y F K U H M C J
X C Z V I Y Y H U Q C O S V C W B Q O R
Z Q K N P R L E S S T E W A R D E S S E
T H E M E S O N G P E G S J V D T U T E
A Q H N V C M M W Z E B W D D G P T Y V
D Y S A T N A F A G F L P R I N C E S S
V U J R B T K A S N R R L O K U Y U Y Y
E B X G T C W A S M C T K I O O B L D Y
N R Z K A X I N Z I J E N P N O D E D U
T H P H Y L I F E R N F S K T G M A Y D
U M S Y I N O O M Y E N O H S O A P Z T
R B H N Y S K Q F Z S R L V C G Q S G U
E Z G L F H N S T R O P C I T O X E U Z
```

CRUISE	SPELLING	FANTASY
ROMANCE	PRINCESS	HONEYMOON
CAPTAIN	GUEST STARS	COMEDY
ISAAC	LUXURY	OCEAN
JULIE	STEWARDESS	ADVENTURE
THEMESONG	EXOTIC PORTS	SAILING

 FUN FACT The Love Boat TV show helped popularize the cruise industry.

53. Bell Bottoms

```
X J R E H O F D I J S K N U I D M O P Y
L H E G E C D L R Q L C R G X W K Y Y O
E U W A Y X P Z A V X S E V E N T I E S
Z G M T B G L Z H R D R V O K S H O P X
S F R N M N A Q J K E E E Y J V B M K D
E J E I D L T D J W S D R S Y F B W N E
F G Q V E Z F F R H T I J A K J W C T T
W I P M Q J O D F J Y D K E L D U J R S
J Z N H P N R X Z R L T N Q A F C G O I
T X A T U P M B N W E O N C M N O R U A
B O T T O M S S I H I W D F B E S W S W
I H U C T I E D G H O C S I D X E Q E H
W V O D K I E R S R D E N I M I I J R G
F U N K Y Q O A N S E V V X A S P X S I
V P C O N O F P X J K T P F R A P H W H
Q X F R V A O H Z N T P R N M B I M K U
J W M Y D N E R T P U C J O G Q H T Z S
```

WIDE	GROOVY	STYLE
FLARED	TRENDY	FUNKY
FASHION	SEVENTIES	HIGH WAISTED
DENIM	RETRO	BOTTOMS
HIPPIE	TROUSERS	PLATFORMS
DISCO	VINTAGE	FLARED JEANS

 FUN FACT Bell bottoms became a fashion staple in the '70s, originally derived from naval uniforms.

54. Afros

```
W E L Y T S R I A H K C I P O R F A A D
D D N U O R W F S E V E N T I E S W P I
C P W N A T U R A L Y A Q O T R Q V R G
K B L F N Y X X W T F S M C X V D U G D
Z F W I S O U L T R A I N S Q U A J T M
B Y B V S X I U O T O V P I X E Z I A W
L Q Q R B U W H N O Q P U D Y T H K W E
A K Y U X A O D S C O Z K N U F R G V F
C I O H U E E K R A S S C O H B H Z V U
K C O E B A M H P J F F Y P B O Z F X W
P O E I V K U A F Q Z C A E L S W G Q Y
O N H R D G L I T G R O O V Y L M F U Q
W I F B U W O R O E V I F N O S K C A J
E C J D T T V D M E Y D N E R T R Z G X
R T E V L E X O W O W M Z I R T K S L M
J D A T A O D E O Q B S G R O R R J J B
Y Z I I G T S C T N X P S B A S I W G D
```

NATURAL	FASHION	SOUL TRAIN
HAIRSTYLE	BLACKPOWER	GROOVY
VOLUME	ROUND	SEVENTIES
DISCO	AFRO PICK	AFRO
FUNK	HAIRDO	JACKSON FIVE
TRENDY	ICONIC	TEXTURE

 FUN FACT The Afro hairstyle became a symbol of pride and cultural identity during the Black is Beautiful movement in the 1960s and 1970s.

55. Watergate

```
P D C G H Z G C N G A W V C V A Q R F H
J N K G L H R O T I Z V Z N Y P Q E Z F
W T R O K L B F A T E M K I X W F S X W
I D B Y K Y J J P S U T O X T Z K I D Y
R T A O R H T P E E D I S O L G V G W R
E C C J C V V H S H R T A N K U I N B A
T N O I T A G I T S E V N I R Z W A X L
A W V Q G B V K Y U V S C U P E E T Z G
P H E Q B Y I V M A F D C Q S P B I R R
P I R J U R D S A N E O P B U S L O X U
I T U L G A R C K U A U A S K I A N D B
N E P E M I A A B G N I P E E K E T A G
G H O B T C W N T Z G N V R N D K D U G
K O B G F I D D J I T E P G H D B S F A
Y U E R A D O A I M P E A C H M E N T Q
P S A L Q U O L X L T C R I S I S H X J
X E X D Y J W Z S S E R G N O C W Z D S
```

SCANDAL	WOODWARD	CONGRESS
NIXON	BERNSTEIN	INVESTIGATION
BURGLARY	IMPEACHMENT	SUBPOENA
COVERUP	WHITE HOUSE	CRISIS
TAPES	WIRETAPPING	JUDICIARY
RESIGNATION	DEEP THROAT	GATEKEEPING

 FUN FACT The Watergate scandal led to President Richard Nixon's resignation in 1974, the only time a U.S. president has resigned from office.

56. Punk Rock

```
N O U N D E R G R O U N D N S N S R N B
X G V O W F J K C X Q D I S T O R T E D
Z V R O G C F V D J C C R V U M U M W A
O P F I K O U G Q S J E G R A R A B M S
Y M G H O X P J I O K K C L I C T N K H
I N N I K T O A R E B E L L I O N I L A
C N I L Y D L B Z V C R S A B N J S R F
O X D K W A H O M W E Y H C R A N A J D
N V R O G B C M D Q H E G R R X R Q B C
S U A L L S E C J L T G T N H B F D S O
W C O N R Q N M W G A K W Q I I K V D R
B C B J X I X E G U E S U Z K H H N T E
C A E H A X B H E P L D F A D E S N A P
O L T U Y Q R D R R F R H U V P H O V X
Q C A O T Q A L A C I T I L O P V I M H
M N K S N Y S W I S P I K E S U E J F E
E A S A H U H E V A T T I T U D E O J A
```

CLASH	SPIKES	BRASH
MOHAWK	POLITICAL	ICONS
REBELLION	HARDCORE	SKATEBOARDING
UNDERGROUND	RIOT	POGO
LEATHER	ATTITUDE	MOSHING
SNEER	DISTORTED	ANARCHY

 FUN FACT Punk rock emerged in the mid-1970s as a rebellious response to the commercialized music of the time.

57. Studio 54

```
T E V L E V V H S T Y C G N C M L B Z V
X V L M V O O F R G T H J M H B J U C B
D I S C J O C K E Y I K C K I R C L Y B
I L L E N N I M H P V X E Z C T D C J L
G L N X N F D X M I Z Y R N Y F T O R
D E C A D E N C E S D R L C I O H D U
W K F G Q K G X D Y U C L B O W R G F O
F Z N E D G N J H J L F E L V A I I B A
G L I T T E R S E I C S V Q W N I N Z O
M N F C O P V E D D X W E Y X X J A C Y
N R Q W V W K Y O L E P R B X K S S V F
R O F G N A Z A N R U O M A L G I S X O
F C I P S E I T I R B E L E C D X K E Q
R J B H A R M C S B D A N C E O U N M R
K L H Q S H R R M W A D I S C O B A L L
A Z N A G A V A R T X E Z Q X Y H Q I J
N E X H T J F U F A T D L M E N F F D T
```

DISCO	GLITTER	DISC JOCKEY
GLAMOUR	WARHOL	REVELRY
CELEBRITIES	NIGHTCLUB	FASHION
HEDONISM	CHIC	MINNELLI
DANCE	EXTRAVAGANZA	DISCO BALL
VELVET	EXCLUSIVITY	DECADENCE

 FUN FACT Studio 54 in New York City was one of the most famous nightclubs of the 1970s, known for its extravagant parties and celebrity guests.

58. Vietnam War

```
B E H G V F J E V D F X L Y O V R X S N
H G V K Y U W W J A I R A R M C N W S P
K N U X M L A P A N I F W K U T O C I V
H A R L C A M B O D I A A H O P G E K E
T R A T M X H L K M E B R E N D R C J G
E O W Y L X Z F B K P F D L R N B C O U
T T O F F E N S I V E K H I N C X T F S
O N D T F A R D P J N V T C B J G P L F
F E L A B N C J R E E D I O J X S P X I
F G J N P G D Q O P E P W P A G H N L J
E A A T B I P G T H P B B T R A I X U K
N O G I A S I Z E O V E T E R A N S I L
S E M W M C D Z S V B V P R A G V W O S
I U D A H O D I T Q S I T S N P C H N S
V K E R S H T C S G X O S Y F P L G A U
E B U W E P C R D T V F D V M E Y N H B
N O X I N R D G U E R I L L A Q R H Z B
```

PROTESTS	NAPALM	CAMBODIA
VETERANS	PTSD	GUERILLA
DRAFT	WAR	ANTIWAR
HELICOPTERS	POWS	NIXON
SAIGON	HANOI	WITHDRAWAL
AGENT ORANGE	OFFENSIVE	TET OFFENSIVE

 FUN FACT The Vietnam War was the first war where the U.S. failed to achieve its objectives, leading to widespread anti-war protests.

59. Star Wars

```
W H M U I N N E L L I M O S Y P Y U D F
R D N C Q E W R X N Q V Q Z T P J R W Y
A T O T P P R E P X J W W S W M V F R Z
T V S F X Y Y K A I E L S S E C N I R P
S E V A J H W L S T A R S H I P S O Z I
H R H L R T Z A D E S T R O Y E R A P M
T E O C A X K W A O L O S N A H Y G N B
A B R O W Y Z Y E E N Y J V E L B O U P
E A O N C U G K K E R I P M E E S I D J
D S N P I Y X S L E F T C C J B K R Q A
L T X N T W J E D C R B B Y E E L P X G
Z H X U C R A K I R Y D N B D R Z C S Y
T G V H A L M U L O I R B Y I W S I T H
G I A H L I O L E F D A R T H V A D E R
J L Z E A G V C H E W B A C C A I K J J
S I K L G W H K T H H F R Z C M X H W V
U T H Q U Z X Q C T N S X M X B D T A H
```

JEDI	HAN SOLO	LIGHTSABER
SITH	THE FORCE	MILLENNIUM
YODA	DEATHSTAR	DARTH VADER
REBEL	DESTROYER	PRINCESSLEIA
FALCON	CHEWBACCA	GALACTIC WAR
EMPIRE	STARSHIPS	LUKE SKYWALKER

 FUN FACT In Star Wars, Mark Hamill was paid $1000 per week to play Luke Skywalker.

60. Roller Disco

```
Q Y I F I Z L S K A T E S F T X A Z O W
P Y B R E D T F R Z K J C S Z U T V Z M
Z R E T T I L G E B H A E P E E R O O G
V R O L L E R B L A D I N G Y Q V T C O
N W M F W L Q F L E W U P M E P U P S X
C J T J X D F T O L V A I L I Y H I D I
U P C G Q C A J R W C D K J A N R Y N Y
J T O C S R J R T U B F K I X O G P S
Q S G S A N Q M E G A S A U A A B E J K
E C P J Y E S V B P P C F L N N B W N B
Q D B I Z W O O S T T Y X L T K O H H J
J S Q J N O P J D A N C E K J K O X W I
Y Y B W R O Q A P V B C P F N C G Y H B
E N P G R F E M X E X L S I X L I W E V
D N E H C A V R E C I C R J Q R E B E H
T P E C U R R E A T D L W T E Z G Z L C
B U W A J W L O W C N O G J K D W R S S
```

SKATES	GLITTER	ROLLER
DERBY	JAM	NEON
GROOVE	DJ	WHEELS
DANCE	SEQUINS	SPIN
BOOGIE	SPARKLE	STRUT
RINK	FUNK	ROLLERBLADING

 FUN FACT Roller disco, which combined roller skating with dance music, became hugely popular in the late 1970s.

61. Jaws

```
E V Y T S Z R O Y S C H E I D E R Y P H
V E A H R S P N I A T T G K D N F G D Y
B O A R B X Y H A H N N R X D X G K X U
B R C Y S S O H V I H F I M Z D U T Y Y
K S Z D Y G O J U X X R K B W K X V T Z
Z E F O T D N Q S U M M E R N K J T I W
T S S R P U A G C I N A P B D T Y Y M K
Y N I B D J E R L E V F B E F Y W I A M
M E Z Y B P C E K I I A T T A C K Q E J
U P R D I C O B Q N G I Y L M X Q V W H
Z S S O J F O L Y X J D I B E F S I T N
C U H O E T P E U W S K X G X A K E W O
H S W L D B T I P S Y L A Q L W E I E U
O C A B Q P X P K Q M C C H M T D Z Y I
Q X A M M P L S Y E Y S V E H V O H S M
R Y W E W H K M M X K B U G M S Z D Z O
K V P I B Q W R W C G T H R I L L E R U
```

SHARK	ATTACK	BOAT
SPIELBERG	FIN	BLOOD
BEACH	QUINT	PANIC
THRILLER	BRODY	TEETH
SUSPENSE	AMITY	SUMMER
OCEAN	CAGE	ROY SCHEIDER

 FUN FACT Jaws, released in 1975, was the first film to earn over $100 million at the box office.

62. Funk Music

```
U D Z D X G L I U G E W J K X F C O H V
Q T B G Y N F C A H Y E C N A D J B G G
I U M C I L E D A K N U F X U D T Q N F
R S Q U D Z V V T M V A A F R O B E A T
B N S E K A J I M S I B U V D D P K P Q
M R R J X C O A S J H O W L Z F B M C P
P O K A F H C A A I N O U C U T U L E F
L H W M N Q R M N T O T G I F N G N U Y
X R N E R B X N P H J S H R A E G E K G
S H X S I I H C E G S Y X T L M Y I P Y
L Y J B U L M F V I W C J C U A L H U K
K T A R F K E E O L Z O G E Q I K U T F
G H Z O D I S C O H C L O L X L N N Z E
B M C W M L E U R S X L U E U R U J V L
H A P N N X U W G A C I N M H A F U I J
V O S A G G G O U L V N W Y I P P P I X
W K M S J J Q K S F E S N E R I C Z A L
```

GROOVE	JAMES BROWN	FUNKY
BASS	BOOTSY COLLINS	DISCO
HORNS	PARLIAMENT	ELECTRIC
RHYTHM	FUNKADELIC	JAM
DANCE	AFROBEAT	P FUNK
SOUL	BRASS	FLASHLIGHT

 FUN FACT Funk music is characterized by its strong bass lines and drum patterns, with artists like James Brown pioneering the genre in the 1960s.

70s

63. Soul Music

```
B U R Z L H V I R W C E T K S Q J I X G
F Q S V W O Y T U L M H T O O M S L A Z
E N B G N E E R G L A N D P S L E O M M
D D M N B M K K K Z X F K A S L H K B W
L O D I W A O N A W G F L C O F O X Q C
E N G D T R M L C R O D F J R U E J V O
I N G D B V S A N X S C Z R A S A S Y D
F I R E H I B J V V P N J U N A Z R O J
Y E Q R G N W N I S E D F I A M F Y J C
A H R R U S T A X Q L M L F I C W B N Y
M A Z W D Z Y I W L O U H J D O E L E G
C T V D D R Z U X T G J I E V O O R G R
H H S T E V I E O E O E S S I K T Q A K
R A K S N J K W H R R T O R A E Q N K Y
N W H O B S N B Q & D N A H T E R A L R
U A D D T M N T K B Y U P L K Q H P N D
V Y R R Q Q U T F A F O H I B W G V P G
```

MOTOWN	SMOKEY	GOSPEL
R&B	DIANA ROSS	STAX
ARETHA	C MAYFIELD	SAM COOKE
MARVIN	REDDING	EWF
STEVIE	GROOVE	GORDY
AL GREEN	SMOOTH	DONNIE HATHAWAY

 FUN FACT Soul music developed in the late 1950s and 1960s, combines elements of African-American gospel music with rhythm and blues.

64. Jimmy Carter

```
E N V I R O N M E N T Y T Y W U U M B U
N X N T S B L P U S C Q C S Z D R Z F G
V L Y F L X Y E L A A N S H S L H M J C
G E O R G I A D M C E L A W I M U D X E
P C K A P Y C O X D P N Q P S W M H L S
A P V N Q K L W I N H E J W I A A P O O
N E K I I P A S B J M X O M R I N Y V L
A S X V I T E F W Q V F I W C N R S A A
M C R D V R S O U T H E R N Y F I G R R
A A A T P Y M I K D I H W G G L G C C E
C R X M Y Y T S E N M A D M R A H B V N
A D J P P J P D O C T R I N E T T Q E E
N I Y L S D Z P E A N U T B N I S M P R
A G Z A J O A R E M R A F G E O G V O G
L A L I M H U V N L J P O T I N K S G Y
Z N V N L W B C I T O Q K C V S W W O V
Q S D S O A O N P D W P R E S I D E N T
```

PRESIDENT	INFLATION	DIPLOMACY
PEANUT	ENERGY CRISIS	FARMER
GEORGIA	PANAMA CANAL	CARDIGANS
CAMP DAVID	PLAINS	AMNESTY
SOLAR ENERGY	SOUTHERN	ENVIRONMENT
HUMANRIGHTS	PRESIDENCY	DOCTRINE

 FUN FACT Jimmy Carter, the 39th president of the United States, was a peanut farmer before entering politics.

65. Space Shuttle

```
Q J P Y T E S E G Q M L Z H M D A S X N
J O W E O E O S S F S I B M G B M I P C
R A R I U Y M I P F N H S L K K S J R B
S U R B I G H R A A R A U S O K C E C F
A S S R I M F P C E I C S T I J W P Y L
B V L G T T L R E H Y B L A T O U S R V
V A N A N G V E C X U F M R B L N P E G
Y G L O U Y T T R P M T Y U C F E A V O
G R C Y I N V N A C A M W H L J P C O Z
I G K N K F C E F L W Y A O K O Z E C L
I J N P R S V H T S V L L E M O C W S G
E N A L P E C A P S L O V O K X Z A I V
I I H L H Q Z E K E N A X K A U P L D U
O R B I T E R I N T V G K Q E D O K K M
T Z V R V N W G S S T U A N O R T S A C
Q E X B W P E N I N N O V A T I O N L E
U H C T R R T N R C T L R E T A U W Z I
```

NASA	CHALLENGER	CREW
SHUTTLE	COLUMBIA	INNOVATION
LAUNCH	SPACEPLANE	SKYLAB
SPACECRAFT	PAYLOAD	DISCOVERY
ORBIT	MISSION	ENTERPRISE
ASTRONAUTS	ORBITER	SPACEWALK

 FUN FACT NASA's Space Shuttle program began in 1981 with the launch of Columbia, which was the first spacecraft capable of reentry and reuse.

66. Glam Rock

```
D L J Y O Y S U E I S H I F S C A I I E
T Z R I J N U A N B N M Z T P B Z X T R
A U K S M Y F P I M I G H H O G F U E B
O I I W E G F C M A U O L L L T E T L A
R U Q E J O X B D K Q S A A B T T I L M
S I Q E V R D O L E E N M M M I X E R T
S L N T I D G S O U S O T H L A U Q A G
T I A C Q N V V G P U S F G O E Z B S C
W P W P G A L E R R T O D L K R E O T M
Y K S C T S U D R A T S S D S F Z A N R
H W G E H L P D V D L E J P C B P L Z O
F L E O L Q E L T O N J O H N T I Q K F
S X Q Q G E H L P H R W G V A I E T A T
R D A R E K C O R M A L G R O G I G G A
T O P C I V N N D Y S C G U O D W L L L
U Q X A E H J E J N D W S F Q T O D A P
R K W Y N E W Y O R K R B Z Q B B T M O
```

GLITTER	ANDROGYNY	BOLAN
PLATFORM	SEQUINS	ELTONJOHN
GLAM	STARDUST	NEW YORK
BOWIE	GLAMAZON	SWEET
T REX	GLAMOUR	GOLDMINE
MAKEUP	ROXY	GLAM ROCKER

 FUN FACT Glam rock featured outlandish costumes, flamboyant stage presence, and was popularized by artists like David Bowie and Marc Bolan.

67. Muscle Cars

```
P N J F V I R Y C F R O Q O L Q C M E X
U D H R L V T I A V M U S T A N G Z S X
R K H C Q W S W E A M E R I C A N S E P
E E E X X S E R X W M P C B F O Q L M H
G V Y K A D B H E U Q R O T M U S C L E
N S F L I E R E W O P E S R O H H G O Y
E P C T J E I P T P B C P E G K H N N Z
L G L W R P E R V E U A R L Q E O O B U
L U N W M S G R O R R R W L Q H T O Z J
A O R X Z T D W W F N G F E W H R K L U
H W R W S O O Q L O O A P V X U O A S R
C P O A B X D C P R U R V E Q X D E S S
L N F A M U W U U M T D Y H S T K G I S
A Q C X L A B J U A Z Q C C I X R Z T P
B R N T C K C I N N W O U D V A I Z E F
J X M M X F V H Y C M W Y M H Z U B J Q
C X P Q P H P B W E G G Z C R R X D O C
```

PERFORMANCE	REV	CHALLENGER
HORSEPOWER	SPEED	CHARGER
FAST	TORQUE	HOT ROD
AMERICAN	DRAG RACE	BURNOUT
MUSCLE	CAMARO	DODGE
CLASSIC	MUSTANG	CHEVELLE

 FUN FACT The Pontiac Trans Am was the most iconic and best selling muscle car of the 1970's.

68. Farrah Fawcett

```
T Z J Q Y P W L R S E A S Y V D R L M A
I W Q Y U T P C B A I B C O G T Q F K Y
V K S T T I U S M I W S A F U M Q B K T
V L O U N U X C J P W J M V L J Q C M M
F E Y A G N Q H P S P I L F H A R R A F
P V L E Z G Z E S B R H S T Y L E M Q N
B L V B H P N E O D E R E H T A E F I P
H Q O R A C R R D S E X S Y M B O L V F
V P X X I T X L F B Q Q K L D D D X H A
P L B N C J X E I P U N I P S Y I Z O I
F X O A H G V A F L M W S Q D G U J L Z
X C E W L D T D N O I S I V E L E T L P
I N C O C M I E M H X Y P X W W A J Y O
K P G S R A I R A Z H E M A F V O N W S
J U U L N E M I J E R S S A X E T T O T
S M I L E D R Z Z T A F J Y I P N P O E
Q T S L E G N A S E I L R A H C L S D R
```

CHARLIES ANGELS	ACTRESS	ICONIC
POSTER	FARRAH FLIP	HOLLYWOOD
HAIR	TEXAS	STYLE
TELEVISION	PINUP	FAME
SMILE	SEX SYMBOL	CHEERLEADER
BEAUTY	SWIMSUIT	FEATHERED

 FUN FACT Farrah Fawcett became an icon of the 1970s, especially after her red swimsuit poster sold millions of copies.

69. Video Games

70s

```
F Y Z N K K L N K C I T S Y O J I J V M
S Z R P C T S F O V V P A V Z H R P C G
N Q F A I E P X B I Q W N A I X A L A G
H G O S R G A D X V T V H D S G T V F B
R W L O O K C B Y E R A X I D Y A T X Q
M J C C D Q E R Z L F M V Z H D I O W X
A S D M N I I E Z O O G U O Z Y V R A P
R G Y Q E I N A G S O H J H N A J L F N
C S B J T G V K U N O O O M N N V E P J
A O S Y N Q A O N O S B A G S H I W Q A
D O A M I Q D U T C A D A L V E L T E D
E M G B N U E T C L S M X Z P L Q P V T
D N A N T M R P A D V E N T U R E I T Z
N B W B O E S M X T N N X I O O Y X Y F
R E T R O P G A M I N G L X D O K E B Z
Y G Z X V K Y D D E T A L E X I P L L D
Z A X A G O D Y S S E Y G Z G C X S T M
```

PONG, ARCADE, CONSOLE, ATARI, PIXELS, JOYSTICK
SPACE INVADERS, GAMING, RETRO, INNOVATION, ODYSSEY, BREAKOUT
PIXELATED, NINTENDO, MAGNAVOX, ADVENTURE, SCORE, GALAXIAN

 FUN FACT The video game industry boomed in the late 1970s with the release of games like "Space Invaders" and "Pac-Man".

70. Horror Films

```
O D M X M I N L C E T N O F E G D H I Y
H X Z J B E L E A M I T Y V I L L E L T
C S G I M V A Y J X E C R G F N F P K U
C C L O K T K G R W P R T N K M H X S Z
L N E S P S Y C H O E E F I W G C G N H
C K U U Q Q B I S E C M H N R Y V E B D
R E L L I R H T U R U M E I J P E M R U
U M N T B F C Y S A L A W H O W E Q E D
Z O L L A I G E P M T H P S O L V Z S U
W G O L I M I R E T D O Z L W H T L U L
M P X A S B K B N H O D L M S M I R O C
O S O P M R S L S G V A O G A F G K H C
N Y A O H L W O E I H F S M Z O U H D J
I C Z B S V A O E N Z A A H I R B Q N X
G P R U I I J D A E M L B C C A R R I E
Z Q O D T I I M L E X O R C I S T E R I
K B K C M R R W A S N I A H C Q J P G V
```

EXORCIST	CARRIE	BLOOD
HALLOWEEN	OMEN	THRILLER
CHAINSAW	SHINING	GIALLO
AMITYVILLE	ZOMBIES	HAMMER
JAWS	SUSPENSE	NIGHTMARE
PSYCHO	CULT	GRINDHOUSE

 FUN FACT Jaws was the highest grossing movie of the 1970's bringing in 482 million at the box office.

71. CB Radio

```
I R C U A D P L T I F E S J W J M C X Q
L L X I I I E N H T N C P O D C V G W L
C T T O C N A D O K R B R Q I F Q A K H
N R M D N L G L O I C U I U M D T Q M A
D E D A J L N G L S T U C G S I A J N N
K H H V Q R N C R Q M A D K S B B R M D
P C R U Q I Z E U Y H V T R S R L O Z L
W N H Y L T K D O D U I D S E T P B Y E
Y P R C D C J C E C T B S A E B O N R R
W E M M U D U A B O R C K W H S B P Z D
S K K R I M U R X A O E H D M Y A U C S
R Q T O J C A B E V R X S H A U Y B R E
A Q U B M D H B D C Q A H W Y O V N O C
P N E E I S Q Q O O S B H Q G E U O B P
Y E C O L K Y D V U O G C A N T E N N A
J U C U G C F V Y G I G V R U O F N E T
X O O B S N H C W H C B P E P Y A D C Z
```

TRUCKERS	CB RADIO	ANTENNA
BREAKER	LINGO	HIGHWAY
SMOKEY	TEN FOUR	BEAR
HANDLE	RUBBER DUCK	GOOD BUDDY
CONVOY	RADIO	TRUCK STOP
CHANNEL	BASE STATION	SQUELCH

 FUN FACT Citizens Band (CB) radio became a popular means of communication among truck drivers in the 1970s.

72. The Brady Bunch

```
B Z I P H J A J M D S F E V P S U F S O
R B J E Y H I O A Y C K W W N B Y R V H
A L C E M J C G T N G Y L I M A F T B R
D Q M Q Q T R Q O Y D V M A X L K B R B
Y G E L I N A Q R I V T I G E R G N A A
B I H S S B M F R E U O Q X E Q H Q D U
U F F Y B G M G R Y V A O B C G E V Y F
N Q C R K D L H G E R G I R Y M P H I G
C G A P O R K C H O P S N F G K T Q S J
H D F H R S U N S H I N E D A Y K U M W
Y C M G Q Z Z Z Y H K E C I L A H B S G
E E N W H M Q F K O R I V R I Q V Q Y Z
R P G J V B I M Q U S H A G C A R P E T
H H W G D D P L W S J A E U P L K E L Z
R J E I M H J Q X E V S U Z Z A X C V B
R N O S R E D N E H E C N E R O L F N S
E S M O T T O B L L E B Y G X U X A V Y
```

BRADY	ALICE	GRID
FAMILY	HOUSE	BELL BOTTOMS
SITCOM	BRADY BUNCH	TIGER
MARCIA	GROOVY	PORK CHOPS
JAN	SHAG CARPET	FLORENCE HENDERSON
GREG	SUNSHINE DAY	BRADYISMS

 FUN FACT The Brady Bunch," despite its portrayal of a perfect family, never reached the top 30 in ratings during its original run from 1969 to 1974.

73. Waterbeds

```
Z P C T D Y G A H J D M H O E C E D D V
K T Q Z L Y N I V E E U E M A R F Q V O
M Q X G K J D O K I R Z T C O O M H Q K
A X S O F T S I D E U A P G I M S R G Z
T R D O Y E P F L C O M F O R T T S M G
T F E X F B O A T U E B W F S D A O R N
R U X D W U X Y K K N S D E K E T U V K
E U E J D A E D I S D R A H V I V U Q B
S E R U T A R E P M E T K N O R T A M A
S V L I I M L R V A T V M N A D H S W L
T U O I V S O B E C E W L I Q U I D R D
R N Y K J X N O K J V P D G F D H E D Y
E C W X S C J Y R V U G N L Y A T M F S
N I O W J L X B Z D D U I Q L A W X W B
D P D R J T E V H A E N F C E E V L P J
Y X J K Y Q H E X F X B C H C P L X B Y
J L V U I C M X P B O I E U X D I S G O
```

AQUATIC	TEMPERATURE	HEATER
VINYL	MATTRESS	BEDROOM
WAVES	TRENDY	HARDSIDE
SLEEP	MOTION	SOFTSIDE
RELAXATION	LIQUID	DUVET
COMFORT	FRAME	BLADDER

 FUN FACT Waterbeds, which became popular in the 1970s, were originally invented in 1833 and used for medical therapies.

74. 8Track Tapes

```
E M L B Q W E J F Y D T A M U S I C E Q
D B X C R P Z E Q I S F O P I T R D J B
A X P L A Y E R X A I C C L K A Z I H Z
A I Y T E R G A W R A A T A D M O S S W
M H X V U F T M H E A S Y Y E R Y C F W
Z I E L B A T R O P V S G B N O G O T B
M Q R Y W R S E I M F E O A R F O N R Q
Q X L F E A O B P D H T L C Q T L T U S
V I T T F A D X L W G T O K N A A I B Y
B X R P O Q H Z A U Q E N O O K N N G N
A O V K T R F C Y H V S H Y E D A U O Y
Y M B T U A D P L V M K C D D R Z E N Q
J T A C H C Y N I S Z C E I N C E D H X
U D D U B P S V S Y A A T V K U L T T B
W S K G P T N U T W W R P L F M T A S G
S W O B S O L E T E S T B I A I P X X Y
N V Z G W E C R D P C W S E G E I G Y L
```

CAR	STEREO	CASSETTE
PORTABLE	RETRO	MIXTAPE
MUSIC	PLAYER	DISCONTINUED
TRACKS	PLAYBACK	TECHNOLOGY
TAPE	OBSOLETE	PLAYLIST
FORMAT	ANALOG	CARTRIDGE

 FUN FACT 8-track tapes, a popular music format in the 1960s and 1970s, were eventually phased out due to the superior sound quality and convenience of cassette tapes.

75. The Godfather

```
J Q B R Q N C P U Q U V Z P A L I T S M
D M Y L I M A F Z D W K H O K B E P H J
K R Z I G Y C A G E L E O N N J P D I V
W Q R P O D X Z I H O P R I Q A G X T Q
C X V F C D B L E G J D S C A H O T M G
U O K C I V N H P J M G E A G N D B A W
I V S M A F I A V B Y K H P Q H F S N D
N C K A R J H O R M D P E G C N A E M H
T I G L N O Y O L B Z P A W K N T C S B
W D Y B G O P G X E X Z D C E U H D I X
V T V R I T S F B J N V D E O Y E C C U
V Y T J C S C T D L X C X A A P R V I K
G G D E N O E L R O C U E V Q T P E L V
B T O F J V V T D A X C Q E C C R O Y B
L K N A F S P J U L S J R C B O M E L P
I I H X Y U F O A G X I A O U H W S M A
I E M I R C F V K E M I G E R O P A C O
```

MAFIA	COPPOLA	VIOLENCE
MOB	FAMILY	LEGACY
CRIME	OMERTA	HORSEHEAD
CORLEONE	HITMAN	SICILY
BRANDO	DON	COSA NOSTRA
PACINO	GODFATHER	CAPOREGIME

 FUN FACT The Godfather," released in 1972, is considered one of the greatest films in world cinema and significantly influenced the gangster genre.

1980's Historical Events

1. End of the Cold War: De-escalation of tensions between the USA and USSR, symbolized by events like the fall of the Berlin Wall (1989).

2. Reaganomics: Economic policies implemented by US President Ronald Reagan, emphasizing deregulation, tax cuts, and free-market capitalism.

3. Iran-Iraq War: Conflict between Iran and Iraq (1980-1988), resulting in significant casualties and geopolitical shifts in the Middle East.

4. Chernobyl Disaster: Nuclear accident at the Chernobyl Nuclear Power Plant in Ukraine (1986), leading to environmental and health consequences.

5. HIV/AIDS Epidemic: Emergence of the HIV/AIDS pandemic, leading to widespread fear, stigma, and advocacy for research and treatment.

6. Space Shuttle Challenger Disaster: Tragic explosion of the Space Shuttle Challenger in 1986, resulting in the deaths of all seven crew members.

7. Solidarity Movement: Rise of the Solidarity trade union in Poland, challenging communist rule and paving the way for democratic reforms.

8. Thatcherism: Economic and political policies of UK Prime Minister Margaret Thatcher, emphasizing privatization, deregulation, and free market principles.

9. 1989 Tiananmen Square Protests: Pro-democracy protests in Beijing's Tiananmen Square, China, brutally suppressed by the government.

10.End of Apartheid: Reforms and negotiations in South Africa, leading to the eventual release of Nelson Mandela (1990) and the dismantling of apartheid policies.

76. Neon

```
T R W P I E V A W H T N Y S C K L C X B
R B D U C O A F U T U R I S T I C M F T
Q T P K Q A O W O L G M Z I N J V O N U
O X W W D Y G X B C T N A R B I V P E V
R Y A U T O Z G C X U R B A N G F F S S
T C B V Z C P S O I F S P G I R I D Q T
E O B U K W I O H A E P E L E L P Z K H
R L O L P G E T A O E N B T N S E U G
I O Z D N I M U J G S S C H U T P X X I
M R S S B O S X R W F N G X R T Z P X L
Q S D Q U Z I Z W T V I G E N B M Q Y D
G L O W I N G H X T N C N Z B M C T E N
V U M X C L F I S X W D T C B X D C P A
D Q L O Q K A Y I A Y U V A N K O O K C
T N E C S E R O U L F Z E M Y R R K B E
E Q X V V V Y J A E S T H E T I C S A J
M I Z E J M Z T Q J I J L F S Z Y Y D C
```

LIGHTS	SYNTHWAVE	NIGHTLIFE
COLORS	FASHION	AESTHETICS
SIGNS	TRENDY	URBAN
GLOW	VIBRANT	TUBES
FLUORESCENT	DECOR	GLOWING
RETRO	FUTURISTIC	NEONATE

 FUN FACT Neon signs became hugely popular in the 1980s, symbolizing the colorful and flashy style of the decade.

77. Michael Jackson

```
B L Y Z P N B E C N A D R E L L I R H T
X A B P E A K P N A G T H R I L L E R B
W F U G D G S A T S R D N A L R E V E N
G S P T Y L Z R N U A L Q B U O G B O I
A G O B I O V Q N D M O A O A E T N B H
C U D E A V R R G S M A O Y J D N U I T
R U U J D E N Z U Y Y N O E O F K F D K
F C A Y A I K A N O S U T D N Q N J I P
A S M C Z C V H E V T T J I T A P R E X
T X T O V O K C A J P Y S Z P N W T B Q
G E L P O E Y E I E E P R W N O C I C L
T X H M T N H Y T S E I V O V P W J Q X
S I P V H Z W A C P U P L D T N U D C P
O A T O M G S A X U H M X L H C O W R R
R A E A P F G P L G T T W Y I D I T M I
J M I Q E S J U J K I D M V P B U V N T
D J K Y C B L A N I M I R C H T O O M S
```

THRILLER	BAD TOUR	PEPSI
GLOVE	MUSICVIDEOS	SMOOTH CRIMINAL
MOONWALK	BEAT IT	BAD
KING	BILLIE JEAN	VICTORY TOUR
POP	JACKET	GRAMMYS
ICON	THRILLER DANCE	NEVERLAND

 FUN FACT Michael Jackson's 1982 album "Thriller" is the best-selling album of all time, with estimates of over 66 million copies sold worldwide.

78. VHS

```
G O Z H L L M O V I E S J S O W Y R L E
F A O Z E C C G X X D F V T T D Y P C X
L M O S D A T E P D G A N N O X U N A V
E I F U X M Q A X N N P E W V V F D Z K
H U V M V C L D V A S M F G P X O S R N
S I C J C O W Q L Y N G I O Z A R D R G
X J L E V R W O S I S L Y B X M M G E M
R E W I N D G P A Q A D E W C O A N T S
L A D C U E V T P D H M D S M H T I S X
E E T W Z R R R U W T E I F K L D D U J
O P I L U E E E B R E R X K A B B B W
D I R O T T T Y A H T V A T K E H O K W
H S O N D V R A R L Z U N C P V R C C Y
R U E D Z T R L U C R E O A K M T E O L
Q C C W N A N P H T R Z T Q U I P R L J
K K D N V P O P U L A R I T Y X N V B C
G E R E C O R D E R U B T M T Q E G B J
```

TAPE	TRACKING	RECORDING
REWIND	RECORDER	CAMCORDER
VIDEO	PLAYER	POPULARITY
RENTAL	SHELF	ENTERTAINMENT
FORMAT	MOVIES	ANALOG
BLOCKBUSTER	HOME	VCR

 FUN FACT VHS stands for "Video Home System," and the format was introduced in the late 1970s, becoming the dominant home video format through the 1980s and '90s.

79. MTV

```
A C T S P R I N G B R E A K Y O U T Z Y
S W O H S Y T I L A E R W G S I G R V B
R N Y U R D E G G U L P N U A I N O P Q
Z G R F N W F G E R H S R M X D O G L O
T Y T S N T I C F Q R Z U V A A I I R R
S Y P R T E D G K E T S R D N E H O E C
E S P M B A B O G Z I Y V N D H S O M E
U Z N A T M K N W C I H O V E T A O O O
Q H P Z N V A N V N D Q W U T F H T Q
E D K P M B R I D I A P X V B U M M E O
R J K S D F D A D M E U Z L J B O H C J
L N E A I E M E P A O M H Y I S O H O O
A V E V O D O K Z S G S J Z D I N B N Z
T H J S Y F H H I W W J X I U V M X T L
O E R S V I D E O J O C K E Y A A P R J
T J U O F C V X C U U T S A H E N G O L
F E R U T L U C P O P K H T G B D K L C
```

VJS
LOGO
VIDEO
MOONMAN
FASHION
MADONNA

MTV RAPS
COUNTDOWN
UNPLUGGED
HEADBANGERS
POP CULTURE
MUSIC VIDEOS

SPRING BREAK
VIDEO JOCKEY
REALITY SHOWS
TOTAL REQUEST
REMOTE CONTROL
BEAVIS BUTTHEAD

 FUN FACT MTV (Music Television) launched on August 1, 1981, and the first music video played was "Video Killed the Radio Star" by The Buggles.

80. Walkman

```
D G U V I P A W M H R P N U H N A U R W
T R E N D Y M O C S X E J D F U B Z L P
B B A G A I U F N S E I R E T T A B J I
Z C Z P X Z Q A F R X H Q I H D S O O L
P A O T W Q Z M V C K I G O E M O R G C
T A A N F O E C O M P A C T A X U T G T
L P D C X O I X N W U I D Y D L N E I L
E Z S I N N O V A T I O N D P D D R N E
S O N Y G A E O E A P H T C H O T M G B
P N L R K B B E L E G E X L O Z R U C Q
E O A H F Q A R B D Q A U H N J A S B H
R D S M L N V E A D L U M W E M C I S G
S Z R H K C H T T E B Q L W S U K C Y H
O Q L N R L J S R S R E G A N E E T A A
N U A N S J A P O V Q V C L S X T D Y T
A S A E A R R W P V R O O N Z G V N L S
L M Y D O S R J K V J E T T E S S A C L
```

PORTABLE	JOGGING	BATTERIES
MUSIC	TRENDY	TEENAGERS
HEADPHONES	COMPACT	RETRO
CASSETTE	STEREO	SOUNDTRACK
SONY	MIXTAPE	PERSONAL
INNOVATION	BELT CLIP	WALKMAN

 FUN FACT Sony's Walkman, introduced in 1979, revolutionized how people listened to music by making it portable.

81. Aerobics

```
Y W J G Q K Q K O U D S K T A Y I M T K
L S W E A T B A N D S V I S I T O M B W
Y S J S N O M M I S D R A H C I R A O D
C Y A U A O S B B B P B K E E W N R X T
R E N F C T U X M F O H X J B O K U Q D
A N E A E M B Y I I O E S O E O Q L F X
J I F P F Y W T D G W A E N U S E A Q D
V T O L A J N R J G U L S T O G G O T G
X U N S W E A T I N Y T I A W O N D V M
Q O D G C S V V X W H C A A F A R A E
M R A S H O L S E S I C R E Z Z A J O I
Y X Z J Q E C H Z V S M E I O F D N P S
F G S D R A T O E L E N X L K T I G W S
C L R Q L C V O N R P Q E W B Q T Q W E
N R C E V A Z S S W G E D Y E R D T L A
W J K P N M Z S N S P A N D E X W S Q O
U V N O U E O T X B L Y P W R L O L Z T
```

LEGWARMERS	FITNESS	NEON
SPANDEX	STEP	RICHARD SIMMONS
LEOTARDS	ENERGY	ROUTINE
JANEFONDA	WORKOUT	EXERCISE
JAZZERCISE	LYCRA	HEALTH
SWEATIN'	CARDIO	SWEATBANDS

 FUN FACT Aerobics were popularized by Dr. Kenneth H. Cooper in the 1960s as a form of exercise to prevent coronary artery sickness.

82. Classic Video Games

```
I R A C A I Y K W V D Z N W K O Y D B T
T E D D I G D U G Q G U A R V I M R E I
K G S S A Y Z G D F O E I H T N I T W G
K G E X N J O U S T V U N M E T R O I D
I O N D J C F K E Z L S A N K I A K G M
Y R L A G A L A G H U X V M S O T W W S
Y F K M A R I O B R O S E K E T A O D N
G N O K Y E K N O D Q J L F X N O W A S
A O S O N A M C A P S M T G C U L A X G
M F A X V Z G N K H A U S V X H P A U A
B P J O G C N A M C A P A W X K V I Q P
N K M Y C X M S N G Q T C B M C T S G T
V Y F S O R B O I R A M E P U S I K Z
I N O I T I S O P E L O P E W D X Y Y A
Y A D L E Z F O D N E G E L B D Y W U U
Q H W U R N B N U Y H B N J Q Q E A J K
H D K E N A M A G E M B E Y O S P C S E
```

QBERT	FROGGER	MARIO BROS
JOUST	DIG DUG	DONKEY KONG
ATARI	METROID	CASTLEVANIA
GALAGA	MEGA MAN	POLE POSITION
TETRIS	DUCK HUNT	LEGEND OF ZELDA
PAC-MAN	MS PAC-MAN	SUPER MARIO BROS

 FUN FACT The 1980 game "Pac-Man" has a perfect score of 3,333,360 points, which was first achieved in 1999.

83. Cold War

```
T K I A R S N X T Q V G L A S N O S T V
Z G C D E C A R S M R A R N Q Y P N Z D
C C D P S P K S Q R G U Z E T A R P C E
U C W E T Q Q D B K Z R E A A Z X A T T
H B X R U N P Q P V Q Y E C W G R Z Q E
V E J E D I E S R A W R A T S K A R T N
Z X W S A S E M X F T T T R M M S N B T
X Y D T X A T M N F E H G S O S D E G E
H K X R K I I W N I E Z P T U A R R O J
O C A O X O M I X L A G X K M L F J R E
E M S I R R M H J Q D T A C I N G J B P
Q H V K A P U F E Z Z C N N Y U D Z A L
O T K A W M S F C F X Q W O O E S F C D
N I A T R U C N O R I A N G C I B W H Q
I Y Q P W E A J F C L O Y O I X P B E K
S Q T D M K J F W L N Y W L V X Y S V M
Q N Y D N R A E L C U N R M V X D J E R
```

REAGAN	DETENTE	MAD
GORBACHEV	STARWARS	SDI
BERLIN WALL	PROXY	INFTREATY
NUCLEAR	GLASNOST	USSR
ARMS RACE	IRON CURTAIN	ESPIONAGE
SUMMIT	PERESTROIKA	CONTAINMENT

 FUN FACT The Cold War was characterized by the space race, arms race, and various forms of political and military tension between the Soviet Union and the United States.

84. Goonies

```
K Q O A Y U Z R I P U J W Q L Q K C W C
Z E C E I X O Z I D C P F J O Q V Y O U
J Y K W V R A H C A Y I S L O T H D C Q
D I U P U V S L R U N P D O T U C T Z B
M A T A D D F U H Q D U D N R O E C X B
Q H L P N F B L Y S I B U E U E R H U F
X W A E V Q P S F N L D S E F J U U L R
Z M I G Q U E S T O A Y P Y F F T N X A
T R L G V O A O S O U B I E L D N K H T
F I Q J G Q A B A G P X R D E Z E B E E
J E R B X S L O U Q E R A W S A V G I L
H Z S G T F H O E F R F T I H V D S I L
H C V O W T Y T J Y J G E L U V A P C I
C D R M U Y C D E K L G S L F B H C G X
V I U O E R U S A E R T H I F T T W J R
A V M H K Y C O V G T R I E L A N S X P
C T B C B K G B F V S Q P V E O D P M Y
```

MAP	MOUTH	HEYYOUGUYS
DATA	ASTORIA	GOON SQUAD
CHUNK	TREASURE	PIRATE SHIP
SLOTH	FRATELLI	CYNDI LAUPER
QUEST	ADVENTURE	TRUFFLESHUFFLE
MIKEY	FRIENDSHIP	ONE EYED WILLIE

 FUN FACT It took 5 hours in the make up chair to transform John Matuszak into "Sloth".

85. PacMan

```
U R O E S U Y T N T N Q J N Y V X Y W G
D I N D I T F K X I B L G V A E A H Z P
W T N R V A E W D H N F B I S T L P F E
H P A C M A N L I N M K U C Q J J L Z U
C N A M C O X G L W I H Y Y N P C A O O
H G B F I O H H I E Q A C D B E M H V W
O B N M N S M W Y M P K T U Z R P F S L
M G E N C O A A Y Z F L M Q P H F S S P
P N G O K A C R C L Y D E O P R I O V P
U I R R A U J C R V A T W Q U A R T E R
G E B P N I P A B K S E H F E A B E J J
U R G J Q I M D F L R Z E I J E W U L V
X N H W L S V E E U G E V R N T O H A J
Q O O L T Z M X P R Z R H A E O O G W F
J M S G Y L I S H Q E I O T X P I N K Y
E Z T E Q P B L I N K Y C A E E Q N U K
X I S U W F G R E H Z I P E H H I P C A
```

ARCADE	ATARI	BLINKY
GHOSTS	PELLETS	NAMCO
MAZE	QUARTER	INKY
YELLOW	CHOMP	PINKY
PILL	PIXELS	CLYDE
HIGH SCORE	PACMAN	POWER-UPS

 FUN FACT Pac-Man, released in 1980, was one of the first video games to achieve widespread popularity in arcades.

86. New Wave Music

```
O O Z A Y B U L C E R U T L U C Y F O E
I N S L L U G A E S V W B H N Z S J J E
N M J D P F X X N A L T E L L A B G O A
N E V F O N R H F A S I G C L B U R F L
D M W E S Y N T H Z R B N T K Z X F B T
E I N R T B Z I A W S U Z H L E Q V F E
H G R N O L G S X Y B E D P L I L D O R
C U B E K M U M A M T R U N U M E F T N
E V L R N E A H J U V U P Q A V M T V A
P Z J W S K O N K N J C Z F B R T F E T
E U Q L G T T I T T A E Q Y Z G U K H I
D N E M Y N N U B I J H U E R B C D W V
B K X T S K V F Q U C T Y D P D J J W E
C R Q W C M B L O N D I E L Y T S P D C
R I A H R E T R O C C I N O R T C E L E
Q K X B E B X P B I Z A X Y V Z D B D V
D Z L H S L L U G A E S F O K C O L F P
```

SYNTH	THE CURE	CULTURECLUB
MTV	ELECTRONIC	ALTERNATIVE
DEPECHE	NEW ROMANTIC	HAIR
DURAN DURAN	BLONDIE	STYLE
SEAGULLS	BUNNYMEN	YAZOO
BALLET	RETRO	FLOCK OF SEAGULLS

 FUN FACT New wave music is a genre that emerged in the late 1970s and early 1980s, characterized by its eclectic mix of punk rock's energy and pop music's melody.

87. Blockbuster Movies

```
Q H O Y R G R E M L I N S E N K Z N P J
K D U F Z F U S H W X O N I T D P D B A
K H E G C Z E P Y W N Z O X Y F G G X V
U R M P S U S E H G U H N H O J T T E T
A P O Y G X L S P I E L B E R G M F R C
G X U A K G Y T T E H I Z P S I B W U R
I G E R U T U F O T K C A B R S T J T X
D R A H E I D R P L M G L O A C E I N H
O T Q L T C A F G I C U K L W I R O E K
L L U D S N A R U G C Y R D R F M H V K
U K O P V N X Q N P O O S N A I I V D F
B N O N T W Y J G A B M M H T W N V A Q
I U Z A D I K E T A R A K E S I A M R G
X O S R E T S U B T S O H G D F T O N Y
V Y S E N O J A N A I D N I W Y O S G I
M M D R L U E Y E T J C H Z C A R H U T
E J N A C T I O N U Q A I H K K L E I F
```

E.T.	TOP GUN	JOHNHUGHES
CULT	GREMLINS	KARATE KID
SCIFI	DIE HARD	TERMINATOR
ACTION	SPIELBERG	GHOSTBUSTERS
COMEDY	STAR WARS	INDIANA JONES
FANTASY	ADVENTURE	BACK TO FUTURE

 FUN FACT Films like "E.T. the Extra-Terrestrial" and "Back to the Future" became huge Blockbuster movies with commercial success in the 80s.

88. High Tops

```
B N P H T C N F T T S S T Y L E B Q W S
X B I T I I Y S V X I J Z Q P N H N Q T
U M R N K P Q D T Q H H Z C O O A Y G H
P I O E S R E V N O C P Z S H I P F L E
D C T R A E W T E E R T S B P H O N P H
I H A C W K H U C L R Z E C I S I A P L
X A G T T U D P P S U T Z Y H A S H F O
Q E W O H E C A R Z X F S D D F V Q L X
K L P Q R L Z G N X A I R J O R D A N S
A J G E Y E X N C B A S K E T B A L L
D O T Y P N X T X I I H N D X X L K A B
A R Q L U B I C I O C N Q F I S W O V H
O D G E U M U G C C Q G G Y H D J B E G
S A T O G W Z Q N D V E A K N W S E L P
S N E A K E R S Q L F W S D Z G U E C X
G N I D R A O B E T A K S A F W U R R F
S H K X R C W W R T B Z I T W P T N O J
```

SNEAKERS	NIKE	SKATEBOARDING
BASKETBALL	HIPHOP	ICONIC
MICHAEL JORDAN	BREAKDANCING	STREETWEAR
FASHION	STYLE	ATHLETIC
VELCRO	TRENDY	CONVERSE
REEBOK	RETRO	AIR JORDANS

 FUN FACT High-top sneakers were originally designed in the 1920s to provide extra ankle support for basketball players.

89. Hip Hop

```
K P U E E M D L Z R H A H D U Q B S I Y
R P F B Y A J I B T B Z G R T C V R J W
O S E E Y J U H S D I W Z U A O M B A P
Y L M A U V X K M J A T R O J Q N A D P
W E F T H V X D P Y V N I V T Z E B Q F
E J H B L H O F L U T Y L F W M R Q O G N
N B O O M B O X E A T T S Z F S T T S N
D L W X N Y Z D B R K H I K J A A J O I
C U L T U R E L A B S O Y U M S R K L C
B R Y I G R E P Z H F I W L A Q E G D N
A L A G L S K R A P E H H M O V R Z S A
K T Z G I C C U X F S T P H D D D C Z C D
N B X K O E B G O S I L E V J M M Q H K
B S B L W I H U O X I E H E B G N V O A
O E B O N X M E T N J D Q Q R S W B O E
R L R H Y M E S G Z Q H H D Z T L V L R
V I H C T A R C S L Q S C D V S S S E B
```

BREAKDANCING	RHYMES	SAMPLING
GRAFFITI	BEATBOX	OLD SCHOOL
TURNTABLES	STREET	B-BOY
MC	RAP	BLOCK PARTY
BOOMBOX	DJ	CULTURE
SCRATCH	JAM	NEW YORK

 FUN FACT Hip Hop culture originated in the early 1970s in New York City, with DJ Kool Herc often credited as the founding father

90. Rubik's Cube

```
A S G O R T E R N O I T A T U M R E P P
C H A L L E N G E F W E L Z Z U P V W A
I J S A M Y S R O T A T I O N S O O M T
V U F X M X F T W O R J N E B Z F P S T
B W X W U G F S X Q P F V S U B S O R E
A N V A M Z G O S P E E D C U B I N G R
F M Z W Z N L T C V N Q Y Y L R H Z N
Y P H D Q T Y U C O M P E T I T I O N S
P O L T L M I T F R U S T R A T I O N F
B X T B I J Y I P P T W I S T G I J R C
E M S W H R L O U P F I G V L I I N G J
L B C M E N O N A Y L G A J V N K Z C P
X B U E A C H G Z R X C X V C Q I O B C
P B J C W W H E L X Z R Y V F U L A I G
K X H F N H E N D A C M K P B O Q G R F
V V F K H M N C I T D F I E R M O U X B
R S K I B U R Ő N R E Z O S W L C T K O
```

PUZZLE	ROTATIONS	ERNŐ RUBIK
COLORS	CUBE	COMPETITION
TWIST	FRUSTRATION	RETRO
SOLUTION	SPEEDCUBING	PATTERNS
ALGORITHM	BRAIN	TOY
LOGIC	CHALLENGE	PERMUTATION

 FUN FACT The Rubik's Cube, invented in 1974 by Erno Rubik.

91. Perms

```
Y V A W U E S V Y U R F T E W A V E S Q
K K E U M L A T C I B Q X J L Z P S L T
D I K U R Q I U A F G R H T A Y I Q E Y
Y L L U N X W H Q S Y L R M V E T R E R
H O C J S J Y B U T L A V D H P G S P F
V S R E L L O R U X N D T T T K I L E Y
L N C V R O C A L S X Y V E D A B O R J
X H Y U P K E N F D I F H R S O R S M B
U G C G G B T O G W V Y I O L W I D I M
N O L A S E R J F T V M U A V B L H N F
X O W J W M F A F T K X R U I Q Q L G D
Q B Y G A A S B V M J I V P R O C E S S
W G G T Y H F U Y N P L A C I M E H C J
I Y I P I M J R O S T P H K A D E B R E
Z O M O A F V S K A B J Z A M L R Z J C
N H N C E Y D N E R T B P P I P L I G B
J R R F P U F H X I O P O P K R A R B I
```

CURLS	CHEMICAL	BIG
WAVES	WAVY	PROCESS
HAIR	FASHION	PERMING
VOLUME	TRENDY	TRANSFORMATION
ROLLERS	BEAUTY	SPIRAL
STYLE	SALON	CURLY HAIR

FUN FACT Perms, which involve chemically curling hair, became extremely popular in the 1980s, epitomized by celebrities like Cher and Dolly Parton.

92. Reaganomics

```
E E U Y Q R T F P R I U P X G T B C O F
U H T L A E W Z I R E A G A N N P K H Y
K D I E J I A H T X Z D E Z C J O T X E
B D E R E G U L A T I O N B M T L A C Z
E V I T A V R E S N O C K W O Q I X F V
H N S T O C K M A R K E T I S I C C C C
P Y G M S U P P L Y S I D E Z M Y U S I
R P R Q M V C Z K F S P K I J F M T R M
O A J E U E V R U C R E F F A L I S M O
S U J C V Y Q M T R I C K L E M U L Q N
P Z D L F O O M W G G W K L U I Y Q K O
E Y D C G R C B X S M R F L O O F Q E C
R Z O S M Z C E U T P L U T M J A L L E
I L G R O W T H R N S S T I C I F E D I
T R E Z Y F S T X G I R B T E G D U B G
Y G M T G E N O I T U L O V E R K V I J
R G H K I L G T C B N H M U P T G G J X
```

ECONOMIC	GROWTH	DEFICIT
POLICY	TRICKLE	STIMULUS
REAGAN	WEALTH	RECOVERY
TAX CUTS	CONSERVATIVE	PROSPERITY
SUPPLY SIDE	REVOLUTION	STOCK MARKET
DEREGULATION	BUDGET	LAFFER CURVE

 FUN FACT Reaganomics refers to the economic policies of President Ronald Reagan, which focused on tax cuts, deregulation, and reduction in government spending to stimulate economic growth.

93. Breakdancing

```
B B M K S J Z W C E E T P F K U R F G A
A H L R E Z T W R V U K D I C E Y M T K
V V Q W V J X X O K C O R P O T V U Q U
E G X W O H D M K N P I J C S N R R E M
Z W R L M G R Y Y W J P D E R B K N W J
Z H S K X E O V E R R J L D O B B T C D
F E E K W X Y Z J X I T Z P B K A X N K
H A V O E V N S T V T G H O Y C D R R A
T D P W V W D G M A X E Y H M O Z O P X
J S P U C X N X B R V S J P V L W E I O
A P J H S Y X M U O H O Z I P R A N C W
R I B K I P F P O F P I Z H O D A E J E
K N F A Q Y I R O S N I D O W E Z P Z M
V C Q K T A G N U P P U L R N G P E Z M
Z C R Z R A G G S U N F C O H E E I R I
Z U T E U W E K S S C Y P H E R K Y Y C
G O P T W Y K B R L S K J M F Q Y E C K
```

BBOYS · MOVES · SPINS · HEADSPIN · FLOORWORK · POP
LOCK · TOPROCK · FREEZE · CREW · HIPHOP · BEAT
TURBO · BATTLE · CYPHER · GROOVE · OZONE · POWER MOVE

 FUN FACT Breakdancing, part of the hip hop culture, emerged in the 1970s in New York City and gained mainstream popularity in the 1980s.

94. Boombox

```
S B M I V K Q L C W A Z D J E T Q S Q B
E T J U U Q W M R F E E N H R M Z J F K
M M R W Q I F H Y S O L A R T F U V X O
P G O I G S B E A T S I B R Y R Y L Y G
R E X O B M O O B X C O R A J A E T O D
I D G O E R E T S O Z F U N T L E N N V
V X H V M J H T N C T V W P E R M U D U
O S Y R C H S I P S V N W T O R O A Q Y
P I K S C E C S R E T R O E W H T P J R
C M D C A S S E T T E W Q E C V P G H Y
G T S A L B E J L G H V J R I X U I F F
M H P R R Q D S A S S L X T S B A V H E
F R W J L W E R U T L U C S U G S H F I
C X T B R E A K D A N C E G M X R O F V
X E Z R O G G N S M K G L Q D G Y W U P
A W K L V P D Z L O G M U A H B R E U E
Q T A V V C R G P A Z U U Q U B U N W Y
```

MUSIC	BREAKDANCE	ICONIC
PORTABLE	STREET	JAM
BEATS	CULTURE	RETRO
VOLUME	TRENDY	BLAST
CASSETTE	URBAN	RADIO
HIPHOP	STEREO	BOOMBOXER

 FUN FACT Boomboxes, large portable music players with powerful speakers, became symbols of the 1980s music scene.

95. Acid Wash Jeans

```
G C Z T Z Z L S R Q R U I F A D I M Z J
X W E K W Z E D N C Q W N G I S E D O I
N G G D J J R E A A B L E A C H E D W D
O S N E A R A S P P E M F Q A F V W N Z
I O U N H A P S X Y A J L X C P G E A S
H F R I Q F P E O E K K T Q I H R P U C
S I G M R F A R X K L X R P D T F E B D
A C C O R O T T L H I Y O Y W D G L Z Y
F J Z A G E V S F M V P T F A O J T F S
G A Y Q R N F I K I C C Z S S O C N R W
Z E L I J M N D N U R I S N H K R W A S
D V O S I I V T L W A R D R O B E E H R
K X W I A J A T H L O Y F A X F X F O J
N N G W J G U J K D A J F I A U E Q Z P
R I I J E R G Y C X U S Y J V C U L R T
L N N M E Y W J X G G Y K V G G H O G B
E G D E H S A W E N O T S H U M P R F Q
```

DENIM	JEANS	STONEWASHED
FASHION	RETRO	APPAREL
TREND	VINTAGE	DESIGN
DISTRESSED	BLEACHED	POP CULTURE
STYLE	GRUNGE	WARDROBE
ACID WASH	FAD	FRAYED

 FUN FACT Acid wash jeans, known for their distinctive bleached spots peaked in the 80's.

96. Personal Computers

```
C Y D Q N T J R J D A R D Z I S S Y E B
M Q N S M P G K E W N N R M G N J D M B
X G A E M N D S Q C L E H L U O H N O X
T F F Y C K K L O K D X H V I D S A U O
D U Y K L T R A O Z M W P A B K Z T S Y
H F Q X O H I K Y N V M T J R P H N E J
X B M P N E R O S S E C O R P D W F T Q
F L M G U K D K E P Q N U G U J W M Z E
W I Q A K S I D Y P P O L F F G O A R F
J B F I C G E J M L D J K E A D Q O R D
Z M S S K I E R A W T F O S E M D I I E
E A R A P Q N G D N H G A M N O I L V G
S X A T A R I T T R S 8 0 O M G U G Y T
M O G C Q Q R K O H E F W M X A J N A B
I Q D N C J X V C S K Q O F H T V E Y E
O K L N K X Y A P S H C G D A D P T K M
S O X A P P L E S R O V R E S Z E K K R
```

IBM	DESKTOP	GUI
APPLE	MOUSE	TRS-80
DOS	SOFTWARE	PROCESSOR
MACINTOSH	HARDWARE	MODEM
COMMODORE	BYTE	TANDY
ATARI	FLOPPY DISK	AMIGA

 FUN FACT The IBM Personal Computer, introduced in 1981, helped set standards for hardware in the burgeoning PC market.

97. Miami Vice

```
H M X U W M J O U D C H V O P F L G T R
C N E D P I A F C R H G A N X U U U T C
H K J U N A U Y O E N C E A Q K L U E D
Y F Y M O M G C T L D Q A G G R U I K M
Z I N T G I K E E W Q T S E X D Z S C Z
C Y U N D E R C O V E R R Q B T L U O W
O R W H T F I V O Z S N S A G D E R R F
S B H T W V S O Z C P F B P L H T V C I
S Q I R A R R E F N F Y B T U S C E Y N
B I Y R F D C M T Z U H U B Q P T I N O
T V I C E C I T Y B W X T M C E R L N I
R H T N V R A X T X G L X Y G E O L O H
T W C S B B U T O D R A C I R D T A S S
Z M T A V L N L G B X L I A H B R N L A
J O K W Y N J A N H A M M E R O C C E F
S W T I J C C R I M E J E H A A D E N P
X W I A P A S T E L S J K Y Z T H O F E
```

CROCKETT	SPEEDBOAT	BEACH
TUBBS	UNDERCOVER	YACHT
VICE	SURVEILLANCE	ART DECO
MIAMI	JAN HAMMER	RICARDO TUBBS
FASHION	FERRARI	VICE CITY
PASTELS	CRIME	SONNY CROCKETT

 FUN FACT Miami Vice was known for its influence on men's fashion in the 1980s, popularizing pastel shirts and suits with T-shirts.

98. Leg Warmers

```
U N E B Z H E P Y C A K R S H D V D V L
H P E X G J W I Y B L P L O B G R D Q Y
R B E H H J Y F W W U T I S A F I G V P
L W R W F E E L I N G Q E L Y T S L Y E
C R A M R N W H T O G S K X Q W L R L C
S G E L C H T S R H S O C V Y K I A N N
V S J H R M W T K V N W J I C G M Z T A
U E L Q R Y E E U K O P X E B G W O V D
B I B A J R M J Y W C F F U L O O Q D H
P R W D N E R T S F M A V T S U R B N S
C O L O R F U L Y T S J W T S K K E V A
S S U E C N A D R H E G R U E H O S A L
T S C A X R F V I N S N Q U N W U J K F
T E L L A B J O M T U A O H T Z T Q P N
B C K L C G N N O E N J L M I V K M T S
T C X J H Y V I D P Y I J F F K N I T I
S A N W G Z S C N M V G U S H D D Z L X
```

DANCE	FLASHDANCE	WORKOUT
FITNESS	FLASHY	LEGS
FASHION	NEON	KNIT
WARMTH	BALLET	STYLE
AEROBICS	COLORFUL	FEELING
TREND	RETRO	ACCESSORIES

FUN FACT Leg warmers became a fashion trend in the 1980s, partly due to their use by dancers and their appearance in aerobics videos.

99. Transformers

```
C T I E R E S Q J T V A E M D R K E S A
P M X G O B U N L Q D C P A E S E D X E
O A M B L E M Y G U L T D L T E U T P D
Q L T L L I S S E H I Q S A L S C R Q
D F O D O M T M O H D O A N M C I A U O
T V A U U P G Y I A N C O I I R V P S
E M K S T V O J C H D F A C N H P W A Y
I A W M K L L Q Y W E I R I A E D N V L
T R A N S F O R M V D G T T I V D N T O
T H C W K F Y X A M M U O P Q G D T V X
R O B O T S Y W M N E R O E G J S Y O T
D C G P G F D Z X Y G E N C Z Z B D L F
B X Z B F N N D I A S Q E A T Z O F V
P G K L U R B M Q F T F A D Z M Q E Z I
A U T O B O T S Q V R S T O B O N I D A
N L S C Y B E R T R O N B W P Y X Z G M
A E E B E L B M U B N O G R E N E J T E
```

AUTOBOTS	CARTOON	ANIMATED
DECEPTICONS	TOYS	BUMBLEBEE
ROBOTS	VEHICLES	RETRO
OPTIMUS	TRANSFORM	SOUNDWAVE
MEGATRON	ROLL OUT	DINOBOTS
ACTIONFIGURES	CYBERTRON	ENERGON

 FUN FACT Transformers toys, introduced in the 1980s, originated from two different Japanese toy lines which were rebranded for the American market.

100. Cabbage Patch

```
S O F T S C U L P T U R E T K E J H X P
N H W H X F L W P A P E R S Y M T T S F
J L P U H K L O Y U O A T S X G J U J A
N E K X K I D S W C L D T D C U D K C V
T E R H D Q R C W L B R O M H G E H F M
O M G O V E M P N I E E R U T A N G I S
D G J U T V J S Y B G O G Y G T Y Q E S
O J I N J U E Z O L O C E L O C W X L H
R O E Y P F J R E R D Q H D O L L S B Z
I C P B G T R C O Z P D A G G V N Q A V
G L E F S E D D K M M U U H L D B F R B
I G Q L I Z E E F A R C N C O H F F O J
N W Q V B S C O L L E C T I B L E K D Y
A J A X A M X C R A Z E D V Q F O U A M
L X R L A D O P T I O N Y K Y U Z P J O
P E J P Y M Y U N V K O A E R H E B U T
I D U E T A C I F I T R E C H T R I B C
```

FEE	CENTER	ADORABLE
KIDS	COLECO	SIGNATURE
CUTE	UNIQUE	COLLECTIBLE
DOLLS	CUDDLY	XAVIER ROBERTS
CRAZE	ADOPTION	SOFT SCULPTURE
PAPERS	ORIGINAL	BIRTH CERTIFICATE

 FUN FACT Cabbage Patch Kid dolls were designed to be unique and came with its own birth certificate, making them highly collectible.

Solutions

Solution: 1

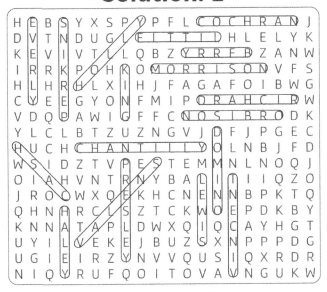

Solution: 2

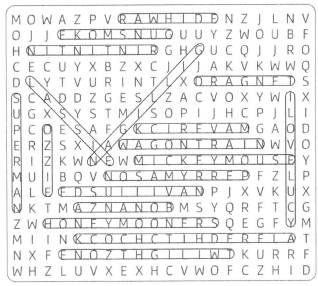

Solution: 3

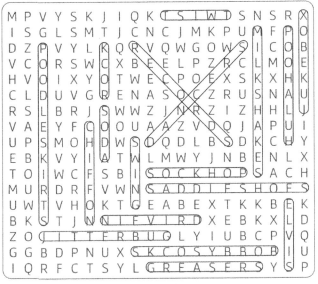

Solution: 4

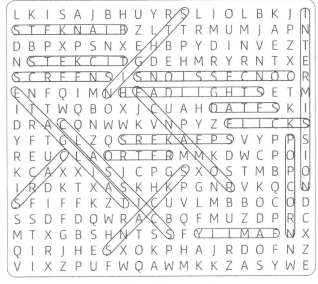

Solution: 5

Solution: 6

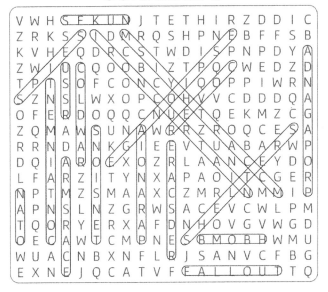

Solution: 7

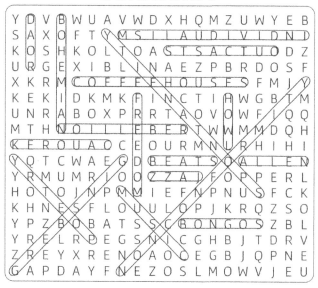

Solution: 8

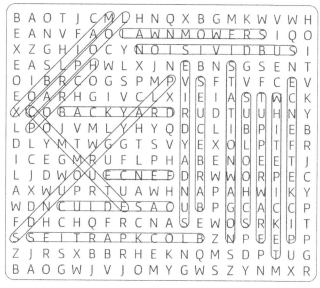

Solution: 9

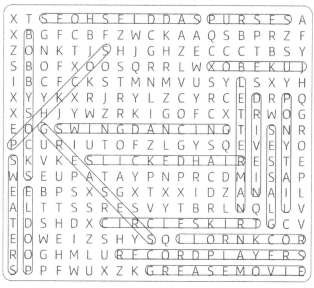

Solution: 10

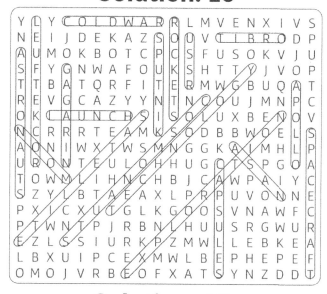

Solution: 11

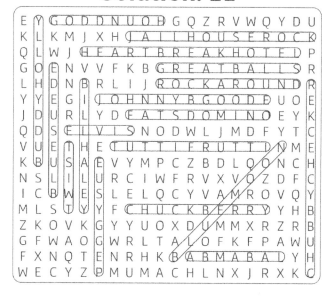

Solution: 12

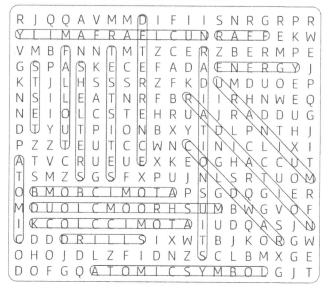

Solution: 13

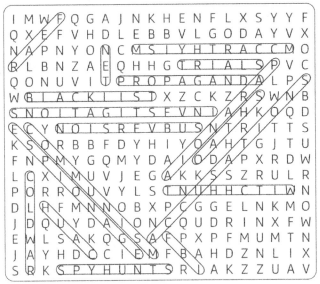

Solution: 14

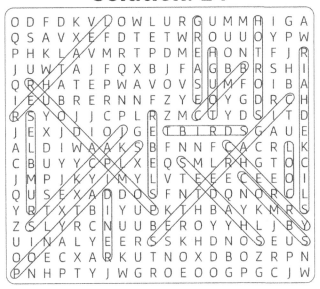

Solution: 15

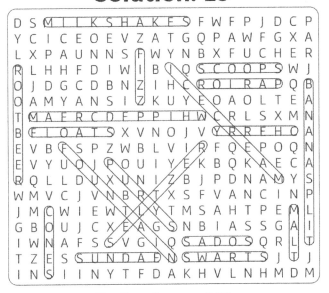

Solution: 16

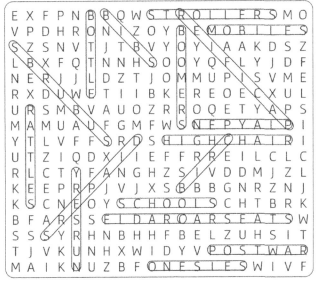

Solution: 17

Solution: 18

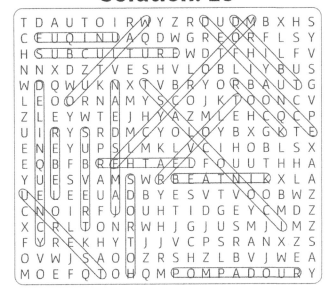

Solution: 19

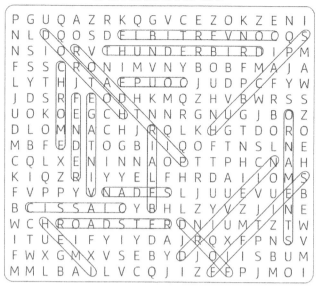

Solution: 20

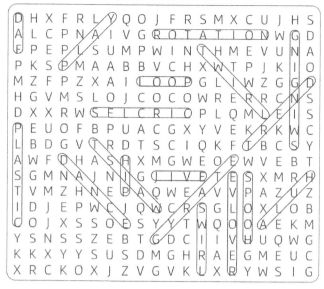

Solution: 21

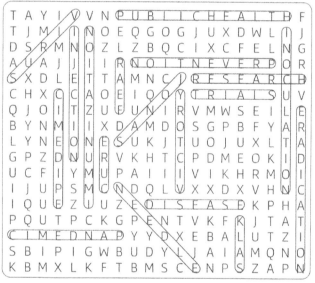

Solution: 22

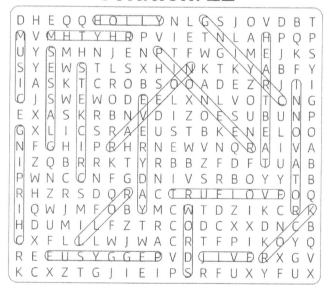

Solution: 23

Solution: 24

Solution: 25

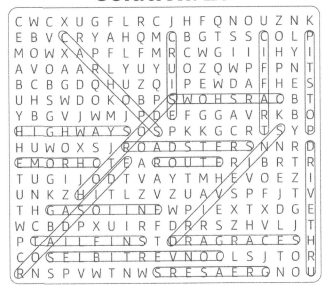

Solution: 26

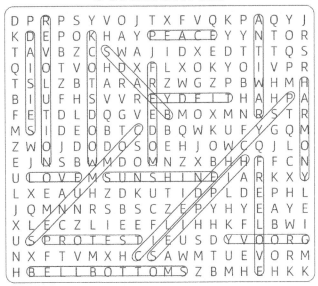

Solution: 27

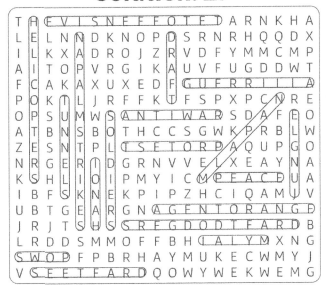

Solution: 28

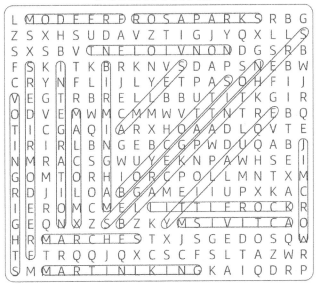

Solution: 29

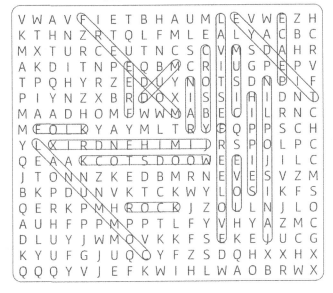

Solution: 30

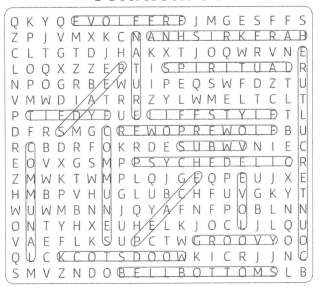

Solution: 31

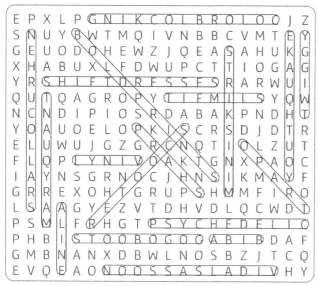

Solution: 32

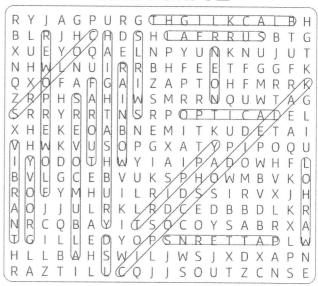

Solution: 33

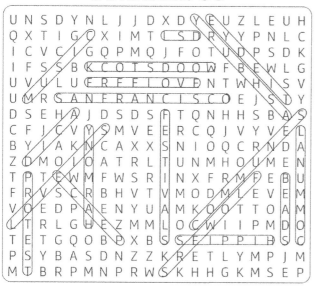

Solution: 34

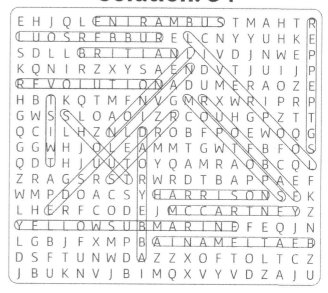

Solution: 35

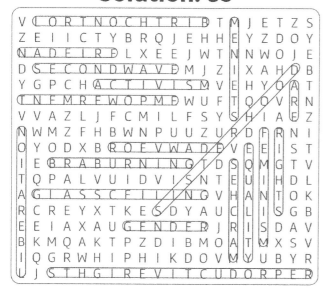

Solution: 36

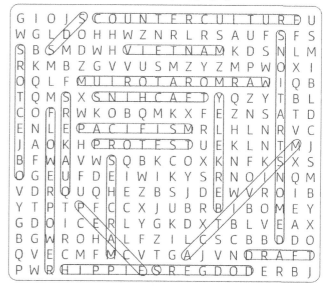

Solution: 37

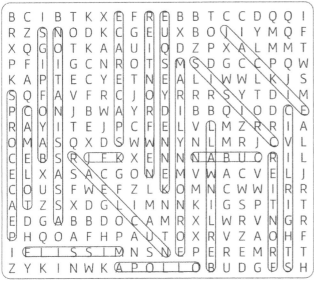

Solution: 38

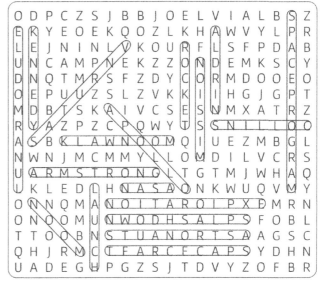

Solution: 39

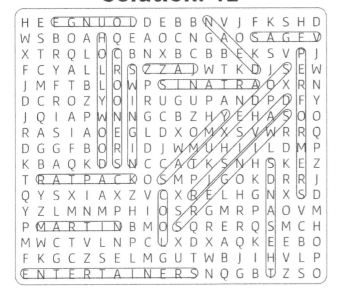

Solution: 40

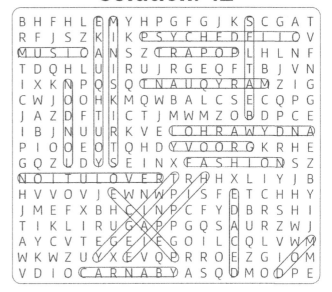

Solution: 41

Solution: 42

Solution: 43

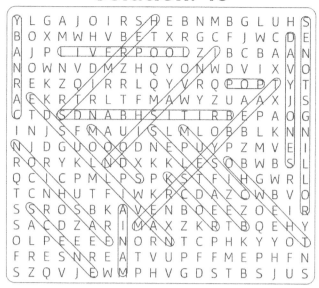

Solution: 44

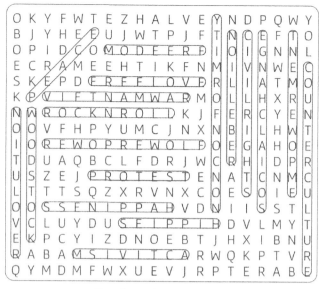

Solution: 45

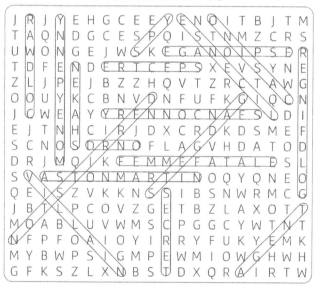

Solution: 46

Solution: 47

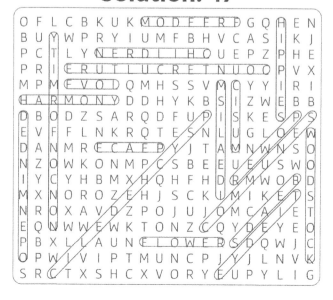

Solution: 48

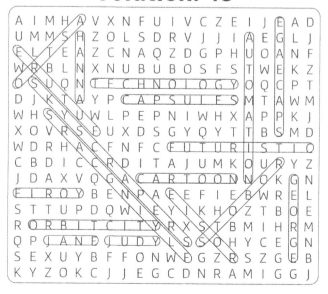

Solution: 49

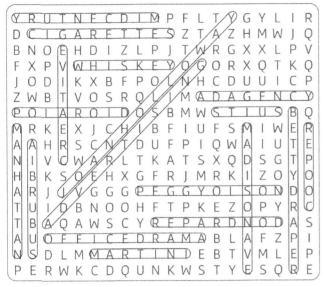

Solution: 50

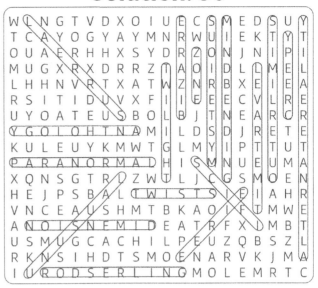

Solution: 51

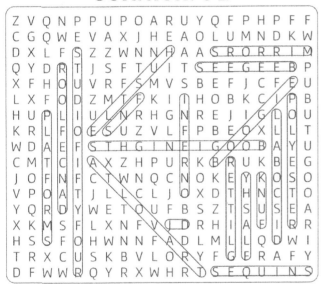

Solution: 52

Solution: 53

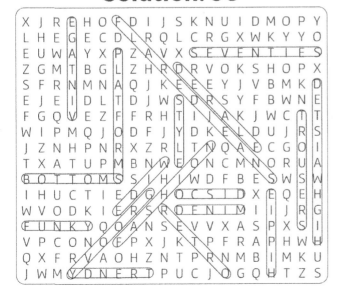

Solution: 54

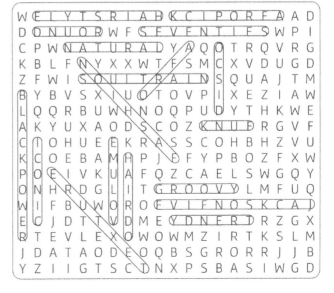

Solution: 55

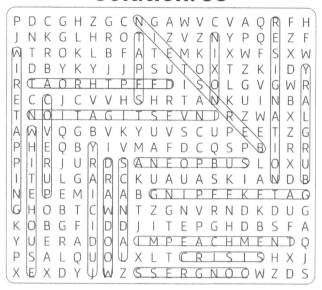

Solution: 56

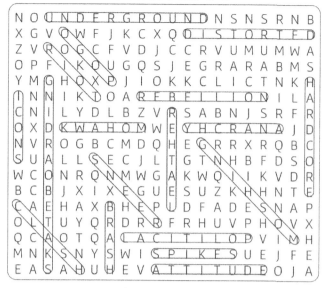

Solution: 57

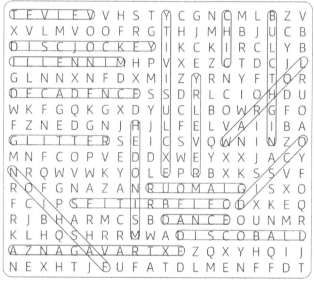

Solution: 58

Solution: 59

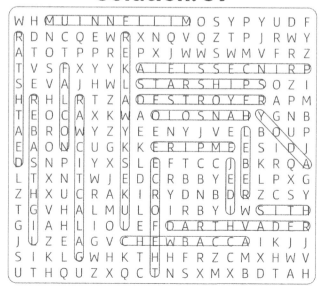

Solution: 60

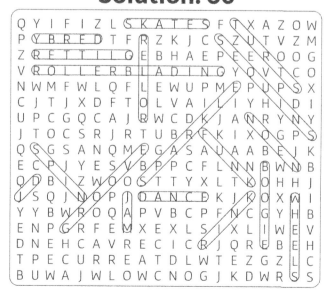

Solution: 61

Solution: 62

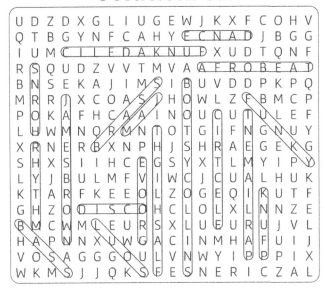

Solution: 63

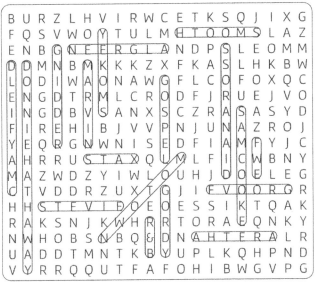

Solution: 64

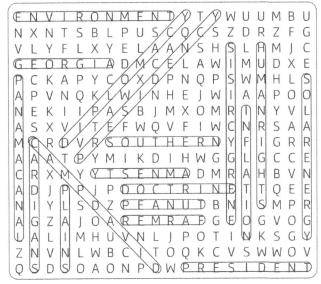

Solution: 65

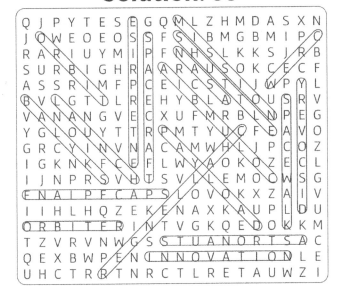

Solution: 66

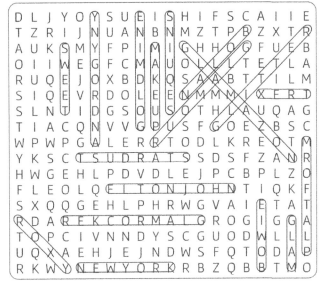

Solution: 67

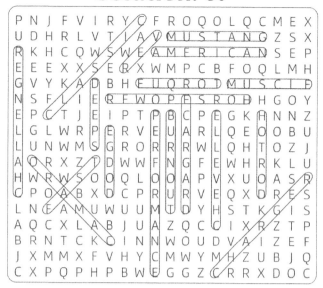

Solution: 68

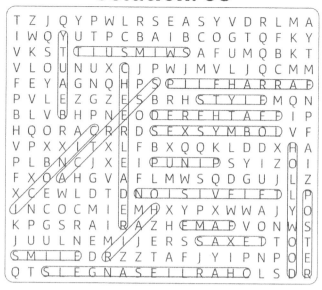

Solution: 69

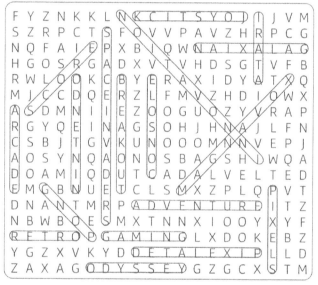

Solution: 70

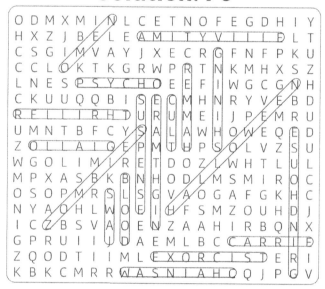

Solution: 71

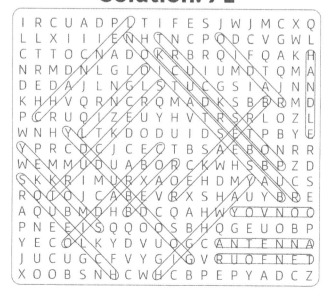

Solution: 72

Solution: 73

Solution: 74

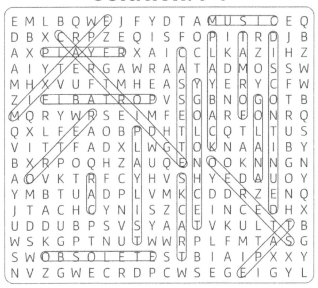

Solution: 75

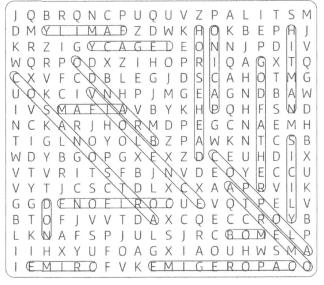

Solution: 76

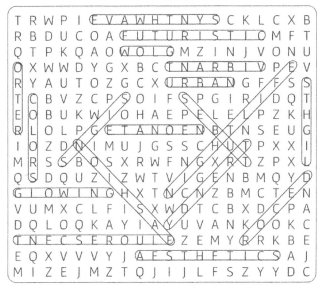

Solution: 77

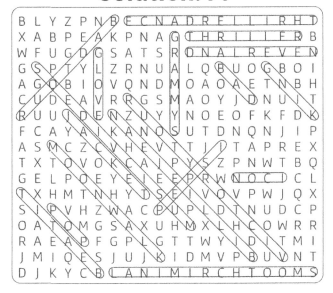

Solution: 78

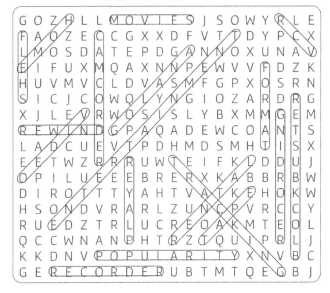

Solution: 79

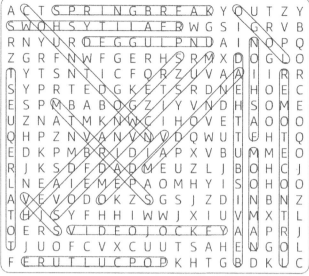

Solution: 80

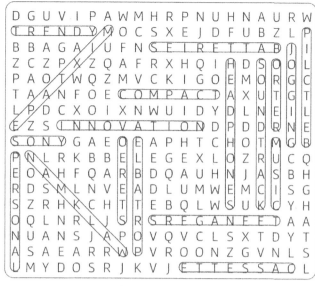

Solution: 81

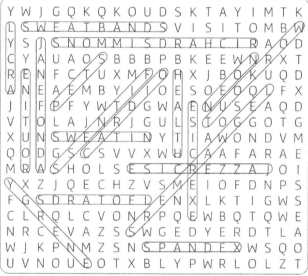

Solution: 82

Solution: 83

Solution: 84

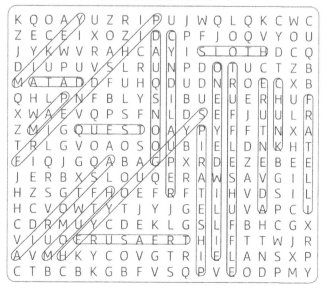

Solution: 85

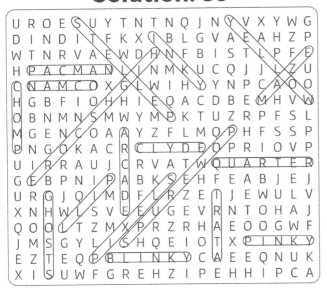

Solution: 86

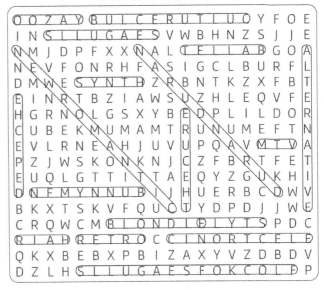

Solution: 87

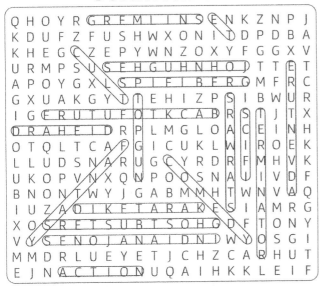

Solution: 88

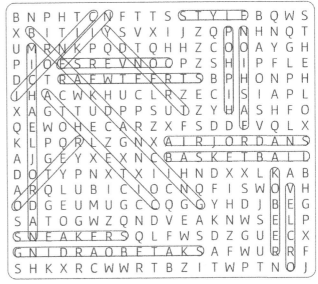

Solution: 89

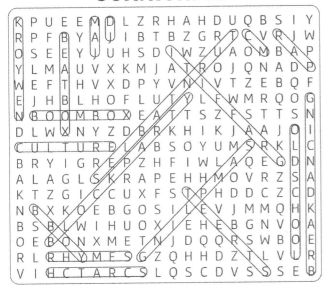

Solution: 90

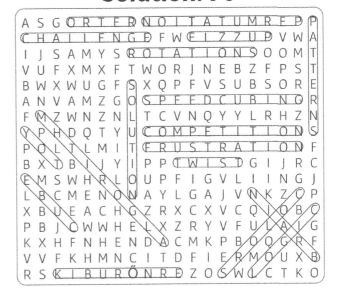

Solution: 91

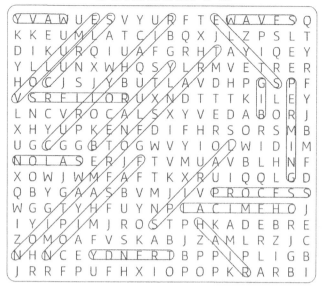

Solution: 92

Solution: 93

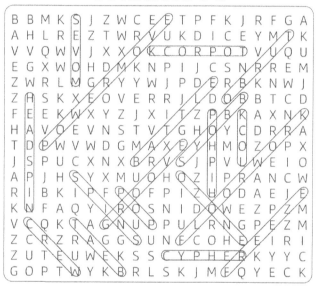

Solution: 94

Solution: 95

Solution: 96

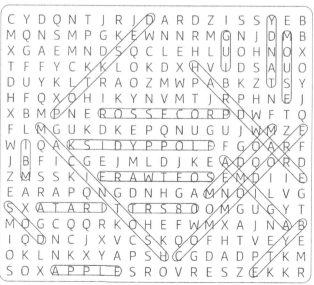

Solution: 97

Solution: 98

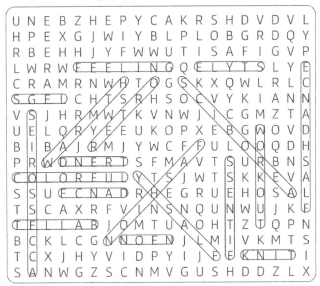

Solution: 99

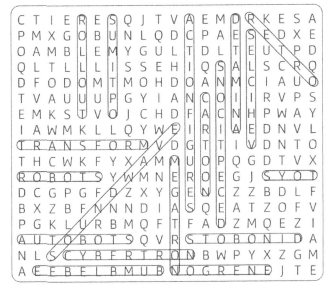

Solution: 100

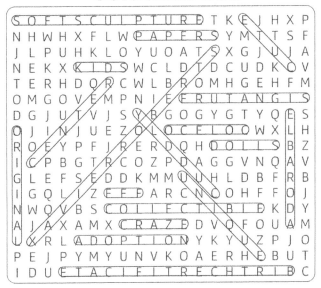

Made in the USA
Las Vegas, NV
16 December 2024

14379570R00070